Michael von Brück / Willigis Jäger /
Niklaus Brantschen u. a.

Wie Zen mein Christsein verändert

Erfahrungen von Zen-Lehrern

Herausgegeben von
Michael Seitlinger und Jutta Höcht-Stöhr

HERDER

FREIBURG · BASEL · WIEN

Originalausgabe

2. Auflage

Gedruckt auf umweltfreundlichem,
chlorfrei gebleichtem Papier

www.herder.de
Satz: Dtp-Satzservice Peter Huber, Freiburg
Herstellung: fgb · freiburger graphische betriebe 2005
www.fgb.de
Umschlaggestaltung und Konzeption:
R·M·E München / Roland Eschlbeck, Liana Tuchel
Umschlagmotiv: © Christoph Quarch
ISBN 3-451-05499-X

Inhalt

Einleitung

Wenn man heute in ein Kloster, ein Exerzitien- oder Tagungshaus oder auch in eine christliche Kirchengemeinde kommt, findet man nicht selten einen Raum mit einem ästhetischen Arrangement von schwarzen Sitzkissen und hölzernen Sitzschemeln, gepflegtem Teppich, einer Klangschale, ein paar Kerzen und vielleicht noch einem kunstvoll angeordneten Blumenschmuck. Was man in so einem Raum tut, ist eben so schlicht wie die Einrichtung, nämlich sitzen, einfach dasitzen, mit wachem Geist ganz dem gegenwärtigen Moment hingegeben – allenfalls unterstützt ein Wort oder die Beobachtung des Atems die innere Sammlung.

Eine neue Kultur der Spiritualität hat sich ausgebreitet – nicht zuletzt im Umfeld der christlichen Kirchen, eine Spiritualität, die den Weg in den Seelengrund sucht und weniger an theologischen Einsichten interessiert ist als an der Erfahrung des ungeteilten Geistes, um darin Gott zu finden – jenseits der menschlichen Vorstellungen und Gedankengebäude. Dieser Weg wurde auch im Christentum als Kontemplation gelehrt – eine radikale Form intensiven Betens. Viele Mystiker aus dem Christentum der Vergangenheit, aber auch der Gegenwart geben Zeugnis von diesem Weg und der Erfahrung der Einheit mit Gott auf dem Gipfel des Wegs.

Die breite Wiederbelebung dieser Übungsform heute verdankt sich allerdings einem neuen Impuls: der Begegnung des Westens mit der Zen-Meditation, die im japanischen Zen-Buddhismus beheimatet ist. Untrennbar verbunden mit der Integration der Zen-Meditation ins Christentum ist der Jesuitenpater Hugo M. Enomiya-Lassalle. Er ist Ende der

20er Jahre des vergangenen Jahrhunderts als christlicher Missionar nach Japan aufgebrochen. 1943 hat er unter japanischen Zen-Meistern die Schulung in der Zen-Praxis aufgenommen, und seit Ende der 60er Jahre ist er als „Missionar der Zen-Meditation im Christentum" auf zahllosen Reisen in den Westen zurückgekehrt, um sie dort bekannt zu machen.

Sein wichtigster Lehrer war der japanische Zen-Meister Yamada Kôun Roshi, von 1970–1989 Oberhaupt der Sanbô Kyôdan-Schule[1], einer Reformbewegung im Zen, die in der ersten Hälfte des 20. Jahrhunderts entstand und Zen sowohl für Laien als auch für Nicht-Buddhisten öffnete. Yamada Kôun Roshi hat diese Begegnung zwischen Zen und Christentum wesentlich mitbestimmt und mit ermöglicht und ist für viele weitere Zen-Lehrer und -Lehrerinnen aus dem Christentum prägend gewesen, wie auch die Beiträge dieses Buches zeigen. Ihnen hat er die Zen-Übung als Vertiefung ihres eigenen christlichen Glaubens erschlossen.

Pater Lassalle sah in der Zen-Meditation einen Weg, das zu finden, was er bei den tiefsten christlichen Zeugen des mystischen Betens ausgedrückt sah. Eine Reihe von weiteren Christen sind seinem Weg gefolgt, um vertieft in die Zen-Praxis und ihre spirituelle Erfahrungswelt einzutauchen. Vor allem unter Ordensleuten ist die Zen-Meditation auf fruchtbare Resonanz gestoßen, was nicht verwunderlich ist, denn im Umfeld der Klöster hat die kontemplative Spiritualität im Christentum ihre traditionelle Heimat. Einigen hat Zen eine wesentliche Vertiefung ihrer Spiritualität eröffnet, sie sind zurückgekehrt als Lehrer des Zen. Zum Teil haben sie sich auch für eine Wiederentdeckung der christlichen Mystik eingesetzt und die Tradition der Kontemplation als mystischen Weg des Christentums neu belebt. Sie sind so etwas wie die erste Generation von christlichen Zen-Lehrern und haben ihrerseits die weitere Verbreitung dieser spirituellen Übungsform vorangetrieben, Übende begleitet und wieder Zen-Lehrer bzw. Kontemplationslehrer hervorgebracht.

So gibt es heute ein weit verzweigtes Netz an Klöstern, Exerzitienhäusern, Orten in der Kirche und anderen Stätten, in denen die Praxis der Zen-Meditation bzw. der Kontemplation gepflegt wird.[2] Zählt man den Kreis derjenigen dazu, die sich für diese Übungsform und ihre Grundanschauungen interessieren und von ihnen inspiriert sind, kann man von einer beachtlichen Bewegung sprechen, die im Umfeld christlicher Spiritualität entstanden ist.

Der vorliegende Band versammelt Erfahrungen von Zen-Lehrern und -Lehrerinnen v. a. aus Deutschland, aber auch aus Österreich, der Schweiz und den Niederlanden, die dieser ersten oder zweiten Generation angehören. Als Theologinnen und Theologen, Pfarrerinnen, Priester und Ordensleute erzählen und reflektieren sie ihren persönlichen Weg der Begegnung und Integration von Zen-Übung und Christsein. Darüber hinaus setzen sie ihn in Beziehung zu Aussagen der christlichen Mystik, zu Einsichten der biblischen Exegese, der Dogmatik und der Erkenntnistheorie.

Eine spannende – und manchmal auch spannungsvolle – Zusammenschau ist so entstanden. Deutlich ist: Es gibt nicht nur eine Weise der Rezeption. Und Leserinnen und Leser werden – je nach ihrer eigenen Herkunft und Geschichte – größere Nähe oder Distanz zu unterschiedlichen Beiträgen empfinden.

Der Band ist durch eine Veranstaltungsreihe der Evangelischen Stadtakademie München und des Interreligiösen Forums der Katholischen Hochschulgemeinde an der TU München in den Jahren 2003 und 2004 angeregt worden.[3] Die Rezeption und Inkulturation des Zen im Christentum ist kirchlicherseits ja nicht unwidersprochen geblieben. Die Veranstaltungsreihe wollte den Dialog vertiefen und die Reflexion vorantreiben. Das ist auch das Anliegen dieses Buches. Im Nachwort wird auf einige Konfliktpunkte und mögliche Klärungsansätze eingegangen.

Wir danken allen Autorinnen und Autoren, die sich spontan oder unter Zurückstellung erster Bedenken daran beteiligt haben. Dank ihrer Mitwirkung ist so ein Überblick entstanden, der eine frühe Phase der Integration von Christentum und Zen-Übung dokumentiert. Die Verbindung von biografisch existenzieller Schilderung und gedanklicher Rückbindung an Tradition gibt diesem Band sein besonderes Profil.

München, August 2004

Jutta Höcht-Stöhr, Michael Seitlinger

---

1 Roshi (jap.): Zen-Meister; Sanbô Kyôdan-Schule: Schule der „Drei Schätze", gemeint sind Buddha, Dharma, Sangha (Buddha, die Lehre, die Gemeinschaft).

2 Einen Überblick solcher Orte der spirituellen Praxis, die zum überwiegenden Teil Zen-Meditation, Kontemplation oder einen von ihnen inspirierten Meditationsweg anbieten, gibt der Meditationsführer von Peter Raab (Hg.): Meditieren – wie und wo. Ein Führer mit 500 Adressen von Lehrern, Häusern und Zentren, Freiburg/Basel/Wien 1995.

3 Vortragsreihe „Wie Zen das Christentum verändert" mit Michael von Brück, Willigis Jäger, Niklaus Brantschen, Pia Gyger und Johannes Kopp.

Stefan Bauberger

geb. 1960 in München, katholischer Priester und Jesuit, Dr. rer. nat. (Physik), Dozent für Naturphilosophie und Wissenschaftstheorie sowie Lehrbeauftragter für Buddhismus an der Hochschule für Philosophie SJ in München, Herausgeber zum Thema Zen. Zen-Schulung unter dem indischen Zen-Meister Pater Ama Samy SJ, Authorisierung zum Zen-Lehrer.

Von der Spitze einer hundert Fuß hohen Stange einen Schritt vorwärts treten

Von Gott gezogen – zum Zen gezogen

In einem katholischen Jugendhaus, das ich oft besuchte, wurde ein Kurs für Yoga und Meditation angeboten. Leider musste man mindestens 16 Jahre alt sein und ich war erst 15. Ich hatte das Gefühl, eine wichtige Chance verpasst zu haben. Ein Jahr später ging wieder ein Kurs los, und diesmal war ich dabei. Das war mein Einstieg in Zen, ganz im christlichen Rahmen. Ich besuchte dann auch einige Zen-Kurse im Meditationshaus der Franziskaner in Dietfurt.

Einige Jahre später, schon vor meinem Eintritt in den Jesuitenorden, kam mein erstes Sesshin[1] mit Pater Lassalle, Jesuit und Pionier der Zen-Meditation im Christentum. Es war sehr fordernd, weniger körperlich als psychisch. Dieses Sesshin hat einen tiefen Eindruck in mir hinterlassen und ich war noch einige Jahre lang damit beschäftigt, das aufzuarbeiten, was es in mir ausgelöst hatte.

In den folgenden Jahren war ich im Noviziat der Jesuiten, zur Einführung in den Orden, besonders auch zur spirituellen Schulung. Wir sollten, neben anderen Gebeten, eine Stunde am Tag der Betrachtung widmen, was eine Form der Meditation von biblischen Texten ist. Eine weitere Stunde übte ich jeden Tag Zen-Meditation. Es gab glücklicherweise noch andere Novizen, die dasselbe Interesse hatten. Auch der Leiter des Noviziats war dafür offen. Ich las in dieser Zeit viele Texte von Mystikern. Während mir sonst manche theologischen und auch spirituellen Bücher ziemlich hohl vorkamen, haben diese Texte mein Herz und meine Sehnsucht angesprochen. Anschließend konnte ich auch wieder Zen-Sesshin mit Pater Lassalle besuchen. Immer noch war ich ein Anfänger, der die ersten tastenden Schritte auf diesem Weg ging.

Meine Zen-Meditation war in dieser Zeit eine Form des täglichen Gebets: einfach zur Ruhe zu kommen und in Gottes Gegenwart da sein. Es war ein mühsamer Weg ohne große Erfahrungen und das blieb es noch lange Zeit. Nachträglich bin ich sehr froh, dass mir die Geduld und Energie geschenkt wurde, durchzuhalten. Die Motivation für meine Meditation war in dieser Zeit geteilt. Eine große Rolle spielte die innere Not, mit mir zurechtzukommen. Aber es war ganz wesentlich auch die Sehnsucht nach Gott, dieselbe Sehnsucht, die mich Jesuit hatte werden lassen. Ich war dankbar, dass ich Menschen wie Pater Lassalle und anderen begegnen durfte, die offensichtlich auf diesem Weg Erfüllung gefunden hatten. In all dieser Zeit war es aber für mich kaum ein Thema, dass Zen eine buddhistische Meditation darstellt und im Buddhismus verwurzelt ist, obwohl ich mich für die asiatische Kultur und den Buddhismus durchaus begeistern konnte.

Krise und Glauben

Wenn auch die Übung der Meditation ohne aufregende Erfahrung ablief, geschah in dieser Zeit doch eine tiefe Umformung meines Glaubens. Diese stand in Zusammenhang mit einer großen Krise. Mein ganzes Leben schien seinen Sinn verloren zu haben, und das verdichtete sich bei der Feier des Gottesdienstes und beim Beten. In der Zen-Meditation übte ich damals nicht mit Koan[2], aber meinen Umgang mit dieser Krise kann ich nachträglich wie das Lösen eines Lebenskoan verstehen. Die Zen-Meditation war eine große Hilfe, um mich dieser Frage nach dem Sinn zu stellen. Das war eine Weise, diese Frage lebendig werden zu lassen, ihr Raum zu geben, ohne dass ich von vorneherein schon eine religiöse oder sonst eine Antwort geben musste. Nach ein paar Wochen, die mir endlos vorkamen, löste sich die Frage auf und wich einer Gewissheit, die ich nicht in Worte fassen konnte.

Glaube wurde für mich ein Geschenk, eine Gnade. Er bestand nicht mehr nur darin, mich an Gewissheiten zu klammern. Ein Vertrauen, das letztlich keinen fassbaren Grund hat und das gerade deshalb unzerstörbar ist. Paulus zählt den Glauben zu den Gaben des Geistes. Er wächst aus der Beziehung zu Gott, zu Christus. Im Verständnis des Mahayana-Buddhismus[3] verhält sich der Glaube zum „Geist“ wie das Licht zur Lampe: Er ist eine natürliche Funktion des „Geistes“ (die christliche Theologie nennt dasselbe „übernatürlich“). Aber diese Natürlichkeit muss erst wieder gefunden werden.

Diese Art des Glaubens erwächst aus der Spannung zwischen einem ersten Glauben und dem Zweifel, so lehrt es Zen, und so erging es mir. Der Zweifel ist nicht der Feind des Glaubens, sondern die echte Auseinandersetzung mit dem Zweifel gehört zum Glauben und führt zum Glauben. Es geht im Glauben nicht nur um irgendwelche allgemein einsichtigen Wahrheiten, sondern um eine umwälzende neue und gute Botschaft. Diese ernst zu nehmen, umfasst den Zweifel.

Begegnung mit dem Buddhismus

Nach zwei Jahren Studium der Philosophie kam ich zu einem einjährigen Praktikum in ein Flüchtlingslager in Malaysia. Dort waren Flüchtlinge untergebracht, die mit Booten aus Vietnam geflohen waren. Die meisten von ihnen waren Buddhisten. Diese Zeit war nicht nur persönlich sehr wichtig und prägend, sondern auch durch die Begegnung mit dem Buddhismus, zu der es kam. Ich war Supervisor für eine Gruppe von Flüchtlingen, die mit großem Einsatz für Kinder und Jugendliche im Lager sorgten, die ohne Angehörige gekommen waren. Auch die meisten meiner Mitarbeiter waren Buddhisten. Was ich am Anfang gar nicht recht fassen konnte war, wie sie und auch andere im Lager darauf reagierten, dass ich Jesuit war. Für sie war ich ein Mönch und sie hatten davor großen Respekt und religiöse Wertschätzung, obwohl ich Christ war. Ein paarmal war ich auch zu Feiern im buddhistischen Tempel eingeladen. Einmal kam ich dabei mit einem der Leiter dieses Tempels ins Gespräch. Er fragte mich nach christlicher Theologie und ich stellte fest, dass er in vielen Dingen besser Bescheid wusste als ich. Diese Buddhisten haben durch ihre Offenheit, durch ihr echtes Interesse und durch ihre Wertschätzung für mein Christentum einen tiefen Eindruck in mir hinterlassen. Damit haben sie mein Christentum verändert. Manche arroganten Formen des Denkens über andere Religionen, die mir auch später noch manchmal im Theologiestudium begegneten, hatten jede Plausibilität verloren.

Im Matthäusevangelium wird die Geschichte erzählt, wie eine heidnische Frau mit der Bitte zu Jesus kommt, sie zu heilen. Sie stimmt ihn, der sie zunächst zurückweist, durch ihren großen Glauben um (Matthäus 15,21–28). Die Begegnung mit dieser Frau überzeugt, „bekehrt“ Jesus, der zuerst darauf besteht, „nur zu den verlorenen Schafen des Hauses Israel gesandt“ zu sein, dass seine Mission größer ist. Die interreligiöse Begegnung ist „gefährlich“, weil sie Überzeugungen aufbricht, die in Jahrhunderten von (oft berechtigter) Verteidigung gegen andere Religionen und von großartiger missionarischer Tätigkeit gewachsen sind. Diese Überzeugungen vermischen die universale christliche Botschaft mit chauvinistischen Einstellungen. Die Initiativen von Papst Johannes Paul II. zum interreligiösen Dialog sind ein großer Schritt in die richtige Richtung, uns durch die offene Begegnung mit Menschen anderer Religionen bekehren zu lassen.

In Zen eingetreten

An die Zeit im Flüchtlingslager schloss sich das Theologiestudium an. Gegen Ende dieses Studiums, als es auf die Priesterweihe zuging, wuchs in mir eine neue und noch viel deutlichere Sehnsucht nach einem spirituellen Weg. Die religiöse Sehnsucht, die Sehnsucht nach Gott, die für mein Leben grundlegend war und die mich in den Jesuitenorden geführt hatte, war noch nicht gestillt. Gleichzeitig war mein Leben inzwischen ziemlich geordnet. Und als Priester hatte ich bald auch eine deutlich sichtbare Position als „religiöser Mensch“. Diese Diskrepanz zwischen meinem inneren Empfinden und dem Äußeren ließ mich neu suchen. Schon vor der Priesterweihe besuchte ich wieder ein Sesshin und danach ging ich richtig auf die Suche nach einem spirituellen Meister, der mich den Weg führen sollte.

Meine Übung des Zen war zu diesem Zeitpunkt viel freier als am Anfang. Erstens waren es weniger meine Probleme mit mir selbst, die mich zur Übung trieben, sondern es war viel stärker eine wirklich spirituelle Suche. Zweitens hatte ich keinerlei Ehrgeiz, es im Zen zu etwas zu bringen. Da ich einige Jahre lang nicht auf Sesshin gewesen war, hatte ich das Privileg, an das Zen von Neuem wie ein Anfänger heranzugehen, mit einer ganz neuen Suche, wenngleich ich auch in den Jahren vorher täglich treu meditiert hatte.

Während ich bisher immer sehr skeptisch gewesen war, wenn es hieß, man müsse sich an einen Meister binden, war es jetzt wesentlich die Begegnung mit meinem Meister Pater Ama Samy, Jesuit aus Indien, die mir einen ganz neuen Zugang zu Zen erschloss. Die Wirklichkeit eröffnete sich mir in einer neuen und überwältigenden Weise, der Beginn eines Erwachens zu einer neuen Existenz. Ein Geschenk.

Alles wird neu

Als ich die Messe mitfeierte, nach diesem Beginn des Erwachens, war es wie etwas ganz Neues, Umwerfendes. Noch deutlicher war die Veränderung für mich, als ich selbst die Messe zelebrierte. Plötzlich wurde es durchsichtig, was das alles bedeutet. Dasselbe erlebte ich beim Lesen der Bibel. Ich hatte keine neuen theologischen Einsichten gewonnen, sondern das, was ich immer schon „gewusst" hatte, wurde ein lebendiges Wissen, das mich innerlich ergriff.

Damit kein Missverständnis aufkommt: Damit waren längst nicht alle meine Probleme gelöst. In vieler Hinsicht spürte ich und spüre ich immer noch umso schmerzhafter, wie weit mein Leben von dem entfernt ist, worauf die Wirklichkeit des Erwachens hindeutet. Doch auch diese innere Gespaltenheit ist von einem grundlegenden Glauben umfasst und darin geborgen.

Integration

Mit diesem Schritt des Eindringens in den Geist von Zen begann erst der Weg, und mit jedem Schritt eröffnete sich und eröffnet sich weiterhin ein Mysterium, das lockt und ruft und fordert, weiterzugehen. Im Zen spricht man vom notwendigen Prozess der Integration. Der Reichtum, der in der ersten Andeutung des Erwachens aufscheint, muss sich entfalten, sich differenzieren, muss Fleisch werden. In diesem Prozess wurde aus meinem Eindringen in Zen auch ein Eindringen in den Buddhismus. Das geschah zunächst im Verborgenen, gleichsam unter der Hand, ohne dass ich das bewusst wollte und steuerte, vor allem durch die Auseinandersetzung und Assimilierung von Texten und Ritualen. Einige längere Zeiten des Zen-Trainings im Zen-Zentrum Bodhizendo von Pater Ama Samy sowie mein Terziat (eine spirituelle Ausbildungsphase der Jesuiten) in Indien waren wichtige Stationen auf diesem Weg der Integration.

Weit verbreitet ist das Vorurteil, Zen sei eine antiintellektuelle Bewegung. In diesem Prozess der Integration waren aber die intellektuelle Reflexion und das Studium des Zen eine große Hilfe für mich, ebenso des Buddhismus, der Fragen des interreligiösen Dialogs, der ignatianischen Spiritualität und nicht zuletzt die Beschäftigung mit theologischen Fragen. Dabei wurde mir klar, wie wichtig das Hineingehen in den Buddhismus für meinen Weg gewesen war und noch sein würde.

Verstehen und Eindringen in den Buddhismus

Dieses Eindringen in den Buddhismus war nicht einfach ein individueller Weg für mich, sondern er war und ist eingebunden in die Sangha, d.h. in die Verbindung mit meinem Zen-Meister und denen, die mit mir auf dem Weg waren und sind. Es war und ist ein Hineingenommensein. Ich begreife diese, meine und unsere Begegnung mit dem Buddhismus nach dem Modell des interreligiösen Dialogs. Nur geschieht dieser Dialog nicht zwischen Personen, die verschiedenen Religionsgemeinschaften angehören, sondern verlagert in das Innere eines jeden selbst.

Dabei geht es nicht um die Vermischung zweier Religionen, nicht darum, eine Einheitsreligion zu schaffen. Oft wird ein transreligiöses Verständnis von Zen propagiert: Zen sei reine religiöse Erfahrung, und das sei der Ausgangspunkt und Zielpunkt von jeder Religion. Die Erfahrung transzendiert nach dieser Auffassung die konkrete Form von jeder konkreten Religion. Ein passenderer Ausgangspunkt für den interreligiösen Dialog ist die Auffassung, dass jede Religion ein System von vielen Elementen ist, von heiligen Schriften, ethischen Regeln, Gemeinschaftsleben, Ritualen und so weiter, die zu einer letztgültigen Transformation des religiösen Menschen helfen sollen. Jede Religion bildet eine Gesamtheit, deren Teile nur in dieser Gesamtheit verständlich sind. Grundlegende Glaubensüberzeugungen werden nur von dem ganz verstanden, der in dem System der jeweiligen Religion schon drinnen ist. Und jede ausgereifte Religion kann aus ihrer Sicht berechtigt davon sprechen, dass sie das Heil universal verwirklicht.

Auf diesem Hintergrund wurde mir verständlich, warum ich in der Übung des Zen irgendwann aufgehört hatte, die buddhistischen Begriffe, die besonders in der Arbeit mit Koan eine Rolle spielen, immer in christliche Begriffe zu übersetzen. Ich konnte sie einfach in ihrem buddhistischen Kontext stehen lassen. Und gerade das befruchtete mein Verständnis vom Christentum. Die Fruchtbarkeit eines Dialogs erwächst eben gerade daraus, anzuerkennen, dass die Welt des anderen in entscheidenden Punkten grundlegend verschieden ist von der meinen und dass ich deshalb aus der Begegnung lernen kann.

Die letzte religiöse Erfahrung ist zwar tatsächlich jenseits aller Begriffe. In gewisser Weise verschwindet derjenige, der diese Erfahrung macht, in ihr, so dass gar niemand mehr da ist, der Erfahrung macht. Aber die Deutung der Erfahrung ist unumgänglich und wichtig und erst in dieser Deutung geschieht das, was im Zen als Rückkehr auf den Marktplatz ganz wichtig genommen wird. Diese Deutung braucht Sprache und ist eingebunden in eine Religion mit ihrer Tradition. Insofern erschloss mir Zen gerade durch die damit verbundene Begegnung mit dem Buddhismus auch den Wert meiner eigenen christlichen Tradition neu. Nur auf dem Hintergrund dieser Tradition konnte ich überhaupt den Weg gehen. Gleichzeitig erkenne ich, dass der Weg hinein in den Buddhismus, der zeitweilig auch mit einem schmerzhaften scheinbaren Verlust meines Christentums verbunden war, mir nicht nur den Buddhismus als wunderbare Religion, sondern auch meinen christlichen Ausgangspunkt neu erschlossen hat.

Das Christentum braucht nicht den Buddhismus, es ist in seiner Weise vollständig, aber manche wesentlichen Elemente seiner Tradition sind in der heutigen Praxis nicht so lebendig, wie sie sein könnten und müssten. Karl Rahner hat die Zeichen der Zeit richtig erkannt, wenn er davon sprach, der Christ der Zukunft werde ein Mystiker sein oder er werde nicht mehr sein. Die Begegnung mit Zen und die Zen-Übung durch Christen kann das Christentum erneuern, nicht in einer entfremdenden Weise, sondern um die eigenen Wurzeln, zu denen die Mystik gehört, neu zu entdecken und zu leben.

Aufstieg und Abstieg

Im Zen unterscheidet man zwei innere Bewegungen, die man mit Vorsicht auch als Stufen der Entwicklung lesen kann. Diesen Bewegungen entsprechen Weisheit, Einsicht, Erleuchtung einerseits und Mitgefühl, liebende und tätige Aufmerksamkeit andererseits.

Die erste Bewegung wird als „Aufstieg" bezeichnet. Eine Geschichte, die diese Bewegung illustriert ist das Koan 28 im Mumonkan[4]. Tokusan, ein großer Gelehrter des Buddhismus, hatte davon gehört, dass im Süden Chinas eine Lehre vertreten wurde, die ihm häretisch erschien. Es war die Lehre des Zen von einer besonderen „Übertragung" außerhalb, jenseits und über allen schriftlichen Lehren. Durch die Begegnung mit einer offensichtlich im Zen geschulten Verkäuferin geriet er in Zweifel. Nach einem langen Gespräch mit dem Zen-Meister Ryutan, es war schon Nacht geworden, wollte er heimgehen. Draußen war es stockdunkel und deshalb bat er Ryutan um eine Lampe. Dieser trat mit ihm ins Freie und als er ihm die Lampe überreichte, blies er sie aus. Da, in dieser plötzlichen Dunkelheit, erkannte Tokusan, was es mit dieser Lehre außerhalb der Schriften auf sich hatte. Er verbrannte alle seine Schriften.

Der Aufstieg führt über die Begriffe, über alle Unterscheidungen hinaus. Es geht um das ganz andere, Unbegreifliche, Absolute, Transzendente. Dieses wird im Aufstieg unvermittelt erfasst. Das ist eine überwältigende Erfahrung, aber viel mehr als Erfahrung. „Du wirst dich fühlen wie ein Stummer, der einen Traum gehabt hat: Sprachlos kennst du ihn nur für dich selbst."[5] Christlich gesprochen ist Gott immer ganz anders, er ist allem Geschaffenen gegenüber „mehr unähnlich als ähnlich" (Viertes Laterankonzil der Kirche). Es ist wichtig, den Mond nicht mit dem Finger zu verwechseln, der auf den Mond zeigt, die Hinweise auf Gott nicht mit der göttlichen Wirklichkeit zu verwechseln. „Darum bitten wir Gott, dass wir Gottes ledig werden", so bringt es Meister Eckhart in paradoxer Sprache in einer seiner Predigten zum Ausdruck (Predigt Nr. 52).

Oben war von zwei Bewegungen die Rede. Zum Aufstieg gehört der Abstieg bzw. nach dem Aufstieg kommt der Abstieg. Es genügt nicht „auf einer hundert Fuß hohen Stange zu sitzen. Man muss von der Spitze der Stange einen Schritt vorwärts treten und seinen Körper in alle Richtungen des Weltalls zeigen."[6] Erst das ist wirkliches Erwachen. Im Zen ist die Krankheit wohlbekannt, diesen Abstieg vermeiden zu wollen. Man verbleibt in der Schwelgerei in Erfahrungen, spricht stolz von seinen besonderen Erfahrungen und so weiter (Man verzeihe bitte alles, was ich in diesem Artikel geschrieben habe!). All das wird erst dadurch fruchtbar, dass es in die Konkretheit und Kompliziertheit des Lebens integriert wird. Das heißt, aus der Unaussprechlichkeit in die Sprache zurückzukehren, in die Welt der Begriffe und Unterscheidungen, der religiösen Tradition, der Gemeinschaft der Gläubigen, die Welt der Rituale und Lehren und vor allem in die Welt des Mitgefühls, der liebenden und tätigen Aufmerksamkeit. Gott ist inkarniert, Christus steht dafür, dass sich die Transzendenz nicht abgehoben von dieser Welt zeigt, nicht in einer Weltflucht, sondern in Immanenz, in Geschichtlichkeit, darin, ganz in dieser Welt zu leben.

Ein bisschen vereinfacht kann man sagen, dass die Sehnsucht vieler moderner Christen nach Spiritualität und nach Zen darin gründet, dass von ihnen der Abstieg ohne Aufstieg verlangt wird. Die Modernisierung des Christentums in den letzten Jahrzehnten, so notwendig und gut sie war, hat dies nicht verbessert. Nächstenliebe oder Mitgefühl gründet aber in Gott, sie ist nicht primär eine moralische Forderung, sondern ein Geschenk Gottes: „Nicht darin besteht die Liebe, dass wir Gott geliebt haben, sondern dass er uns geliebt und seinen Sohn als Sühne für unsere Sünden gesandt hat“ (1 Johannes 4,10). Deshalb braucht es beide Bewegungen, Aufstieg und Abstieg.

Bekehrung bedeutet nicht einfach nur, in Zukunft moralisch besser zu handeln, sondern es geht um eine „Umwälzung des Grundes“, wie es im Zen ausgedrückt wird. Bekehrung ist keine moralische Leistung, sondern eine Gnade, ein Geschenk, und sie ist mit einer ganz neuen Sicht auf die Welt und auf sich selbst verbunden. Oft wird in christlichen Kreisen dem Zen vorgeworfen, Selbsterlösung zu predigen. Aber es ist ein großes Missverständnis, wenn damit gemeint wäre, dass es eine Leistung des Menschen ist, sich zu erlösen. Es geht, in Zen-Worten, um eine Rückkehr zum wahren Selbst, zum ursprünglichen Gesicht, oder anders gesagt, zum göttlichen Grund, und dieser Grund ist es, der erlöst.

[1] Intensive Zen-Übungstage.

[2] Koan sind kurze Texte, die in der Zen-Schulung eine wichtige Rolle spielen. Meist handelt es sich um Erzählungen von Dialogen zwischen früheren Zen-Meistern und ihren Schülern. Der heutige Schüler muss auf Fragen, die im Koan vorkommen, passende Antworten finden. Viele Koan sind paradox und können nicht logisch durch begriffliches Nachdenken gelöst werden, sondern nur durch den intuitiven Sprung auf eine tiefere Ebene des Begreifens.

[3] Neben dem frühen Buddhismus eine spätere wichtige Schulrichtung des Buddhismus, der u.a. in China und Japan verbreitet ist.

[4] Eine wichtige Sammlung von Koan aus dem 13. Jahrhundert, vgl. auch: Mumonkan. Die torlose Schranke, neu übertragen und kommentiert von Kôun Yamada, ins Deutsche übersetzt von Ludwigis Fabian und Peter Lengsfeld, München 1989.

[5] Aus dem Kommentar von Zen-Meister Mumon, des Verfassers des Mumonkans, zu seinem ersten Koan.

[6] Mumonkan, 46. Koan.

Niklaus Brantschen

geb. 1937, katholischer Priester und Jesuit, Begründer des „Lassalle-Hauses" und des „Lassalle-Instituts für Zen-Ethik-Leadership" in Bad Schönbrunn in der Schweiz, Buchautor zum Thema christliche Spiritualität und Zen.
Zen-Schulung unter dem japanischen Zen-Meister Yamada Kôun Roshi, seit 1988 Zen-Lehrer, 1999 Autorisierung zum Zen-Meister durch den amerikanischen Zen-Meister Glassman Roshi.

Zen und Gebet

In meinem Buch „Auf dem Weg des Zen. Als Christ Buddhist"[1] habe ich ausführlich und sehr persönlich dargestellt, wie mich die Erfahrung mit dem Zen oder, besser gesagt, die Zen-Erfahrung geprägt und wohl auch verändert hat. Im Folgenden beschränke ich mich auf das Thema Gebet, wobei ich sehr stark Bezug nehme auf die Schlussüberlegungen im genannten Buch.

Gelegentlich werde ich gefragt, ob Buddhisten auch beten können. Mir scheint, in dieser Frage schwingt eine andere Frage mit, nämlich die Frage nach Gott. So wird die Frage nach dem Gebet zur Testfrage des buddhistisch-christlichen Dialogs. Ich möchte die Frage nicht abstrakt stellen, sondern ganz konkret: Hat mein buddhistischer Nachbar, meine Nachbarin, die Zen praktiziert, eine Beziehung zu der Wirklichkeit, die wir Gott nennen? Und wenn ja, geben sie dieser

Beziehung in dieser oder jener Form Ausdruck? Mit Blick auf unsere christliche Gebetspraxis können wir die Frage auch persönlich und existenziell stellen. Dann lautet sie: Kann ich in der so genannten nachchristlichen Ära noch beten?

Das Gebet ist für viele zum Problem geworden. Die bislang geläufige Formel „Beten heißt sprechen mit Gott" greift nicht mehr. Das Gespräch verlangt nämlich ein Gegenüber, verlangt Wort *und* Antwort. Gott aber sehen und hören wir nicht, jedenfalls nicht so, wie wir im alltäglichen Gespräch den Gesprächspartner, die Gesprächspartnerin sehen und hören – und darauf angewiesen sind, dass wir sie sehen und hören. Gott scheint zu schweigen und so schweigt auch der Mensch oder er sucht nach Mitteln, dieses Schweigen zu übertünchen, indem er sich etwa ein Bild macht von Gott. Aber gerade so wird er hinter dem Bild versteckt, das wir zwischen uns und ihn schieben. Das führt, wie Martin Buber einmal gesagt hat, zu einer „Gottesfinsternis", in der Gott für uns ähnlich verborgen ist wie die Sonne zur Zeit der Sonnenfinsternis. Etwas ist zwischen die Sonne und uns getreten, nämlich der Mond; etwas ist zwischen Gott und uns getreten, nämlich das Bild, das wir von ihm gemacht haben.

Das Bild, das wir uns von Gott machen, wird zum Götzen, den wir handhaben und für unsere Pläne nützlich machen wollen. Gott wird zum Lückenbüßer, der herhalten muss, wenn wir ihn gerade brauchen. Er wird zum Tröster – oder gar Vertröster-Gott auf ein besseres Jenseits. Doch ein solcher Gott eignet sich nicht als Gesprächspartner mündiger Christen. Das „Gespräch" wird abgebrochen. „Beter werden zu Arbeitern" und die „Kandidaten des Jenseits zu Studenten des Diesseits", wie der Philosoph und Religionskritiker Ludwig Feuerbach pointiert formuliert hat. Es gibt noch eine andere Form, mit der Schwierigkeit des Gebetes fertig zu werden. Sie liegt da vor, wo Gebet nicht als Dialog verstanden wird und auch nicht als ehrfurchtsvolles Schweigen vor dem

Geheimnis Gottes, sondern als Reflexion. Beten wird zu einer Art des Denkens: Erfahrung wird reflektiert und reflektierte Erfahrung wird erzählt.

Diese Lösungsversuche – Betende zu Arbeitenden zu machen und sie zum Reflektieren zu bringen – vermögen die „Not des Gebetes" nicht zu beheben und dem Menschen je länger desto weniger zu genügen. Er will sich nicht in Arbeit und Nachdenken erschöpfen, sondern seine Existenz auf eine umfassende Wirklichkeit hin offen halten. Das Gebet ist eine Möglichkeit dazu, wenn es nur tief genug ansetzt, etwa im Sinn des buddhistischen Gelehrten und Zen-Meisters Daisetz T. Suzuki: „Das Bewusstsein der Karma-Bindung und das Bemühen, deren Fesseln abzuschütteln, manifestieren sich als Gebet. Das Gebet ist, vom Verstand gesehen, eine weitere Form des Widerspruchs, denn es weigert sich, dem natürlichen Lauf der Dinge Gehorsam zu leisten: Darin ist es ganz und gar menschlich. Tiere beten nicht, ebenso wenig die Engel und die Götter. Nur der Mensch betet, weil er sich seines Unvermögens bewusst ist, sich über sich selbst zu erheben, und doch so sehnsüchtig danach verlangt."[2]

Dieser und der folgende Satz von Suzuki eröffnen mir persönlich neue Zugänge zum Gebet: „Das Gebet scheint nicht viel zur Menschlichkeit beizutragen, aber wie wenig das auch sein mag, es bringt den für das Leben entscheidendsten Faktor der menschlichen Natur ins Spiel. Denn das Gebet vermag das menschliche Herz aus seinem Schlaf wieder wachzurütteln."

Für D. T. Suzuki gibt es ohne Gebet keine Spiritualität. Das Gebet öffnet seiner Ansicht nach den Weg zum spirituellen Leben und hebt uns über uns selbst hinaus. Wir dürfen im Sinne Suzukis auch sagen, Beten hält die Luke unseres Lebensschiffes offen, damit wir die Sterne sehen und atmen können.

Spätestens jetzt stellt sich die Frage, wer denn der Adressat des Gebetes ist. Suzuki formuliert dazu – und darin kommt das spezifisch Buddhistische ins Spiel: „Zu wem beten? Wir wissen es nicht, doch wir beten." Wir können Gott nicht „wissen". Buddhisten, zumal Zen-Buddhisten wie D.T. Suzuki, sind in diesem Punkt radikal: „Gott wird sich niemals Köpfen offenbaren, die mit rationalen Vorstellungen vollgestopft sind; nicht, weil er rationalem Verstehen abgeneigt wäre, sondern, weil er einfach jenseits eines solchen Verständnisses ist."

Ich kann auch als Christ Gott nicht „wissen", und wenn ich ihn wüsste, so weiss ich doch nicht, wie und worum ich in „rechter Weise" beten soll. In dieser Situation tröstet mich das Wort, das Paulus der Gemeinde in Rom schreibt: Der Geist tritt für uns ein mit einem Seufzen, das wir nicht in Worte zu fassen vermögen. Wo wir in Gerede verfallen oder zu plappern geneigt sind, vermögen wir vom Geiste bewegt mit den beiden Buchstaben, die das Wort Abba, Vater, ausmachen, nämlich A und B, stammelnd vor Gott hinzutreten, wie Angelus Silesius dichtet: „Die Heiden plappern viel, wer geistlich weiß zu beten, der kann mit A und B getrost vor Gott hintreten."

Von dieser tiefen Gebetsweise berichten mir nicht selten Menschen während Zen-Wochen. Sie sagen etwa: „Alles war weg, alles war ganz weit und leer und auch Gott war nicht mehr da." Gott ist ihnen so nahe, dass sie sich ihn gar nicht mehr vorstellen können. Und doch beten sie und ich sehe sie abends mit einer Andacht, die mich tief beschämt, in der Kapelle knien.

Noch einmal ziehe ich Daisetz T. Suzuki heran, um meine persönliche Erfahrung mit dem Beten zu deuten: „Gott ist immer in uns und bei uns, aber aufgrund unseres menschlichen Verstehens stellen wir ihn aus uns heraus, uns gegenüber, wie wenn er im Gegensatz zu uns stünde und strengen unseren Verstand aufs äußerste an, daran auch festzuhalten."

Gehe ich die Stationen meines Lebens unter diesem Aspekt des Betens durch, so fällt mir auf: Ich habe oft versucht, „Gott aus mir herauszustellen", ihn mir vorzustellen, zu objektivieren, aber es ist mir – Gott sei Dank – nicht gelungen. Ich habe es zum Beispiel in den Jahren des Theologiestudiums versucht und konnte prompt nicht mehr beten oder ich betete wie ein Skeptiker: Gott, falls es dich gibt, rette meine Seele, so ich eine habe.

Diese Gebetskrise wurde überwunden durch eine andere, existenziellere Krise. Nach einer bestimmten Zen-Erfahrung war es mir nicht mehr möglich, mir Gott vorzustellen. Und weil ich ihn mir nicht vorstellen konnte, wusste ich nicht zu beten. Doch mit den Jahren wurde mir, wohl auch weil ich den Versuch zu beten nie aufgegeben habe, das „selbsttätige Gebet" geschenkt. Ich durfte erfahren, wie das Herz sich weitet, hebt, wie es lobt und dankt. Wie es also das tut, was es im Grunde immer tun möchte, wenn wir ihm die Gelegenheit dazu geben.[3]

Beten habe ich von Vater und Mutter gelernt. Mit gleichem Recht darf ich sagen: Beten habe ich bei meinem Zen-Lehrer Yamada Roshi gelernt. Er hat nicht oft von Gebet gesprochen. Aber wenn er es tat, gab er damit ein eindrückliches Zeugnis für uns alle. So sagte er zum Beispiel in einer Zen-Unterweisung: „Denjenigen unter euch, die das Gefühl haben, gegen eine Wand zu laufen und nicht voranzukommen, rate ich dringend zu inständigem Beten (...). Für uns ist es auch wichtig, gemeinsam zu beten. Gebet ist keineswegs eine Spezialität nur für Christen. Wir sollten uns Dôgen Zenjis Religiosität zum Vorbild nehmen, die mit ihrer absoluten Reinheit einem kristallklaren Juwel gleicht, und in schwierigen Phasen das Gebet intensivieren."[4]

Ich kann mir kein erfülltes Leben ohne Spiritualität vorstellen. Sie hält unsere Existenz radikal offen; es gibt aber keine Spiritualität ohne praktischen Vollzug, zu dem auch das Gebet gehört. In meinem Leben nährt sich dieser Vollzug aus zwei Quellen, nämlich aus der des Christseins und der Zen-Praxis. Ich verstehe von daher den Zen-Meister Thich Nhat Hanh, der die Frage nach der Identität in einer multikulturellen Gesellschaft stellt und von einer doppelten Verwurzelung spricht. Auch ich stelle fest, dass ich mich dank der intensiven Zen-Praxis im Laufe der Jahre doppelt verwurzeln durfte: Ich fühle mich, um ein Wort des Theologen Romano Guardini zu gebrauchen, „in der Liebe Christi frei“ und bin „Buddha in Ehrfurcht verbunden“.

---

1 Niklaus Brantschen: Auf dem Weg des Zen. Als Christ Buddhist, München [2]2003.

2 Daisetz T. Suzuki: Wesen und Sinn des Buddhismus. Ur-Erfahrung und Ur-Wissen, Freiburg 1993 (2. Aufl.). Dieses und die folgenden Zitate auf S. 54 f.

3 Vgl. Niklaus Brantschen: Der Weg ist in Dir, Zürich [4]1996, S. 13.

4 Yamada Kôun Roshi: Hekiganroku. Die Niederschrift vom blauen Fels, Bd. I, Hg. Peter Lengsfeld, München 2002, S. 471 ff.

Michael von Brück

geb. 1949 in Dresden, evangelischer Theologe, Dr. theol., seit 1991 Professor für Religionswissenschaft an der Universität München, zahlreiche Publikationen zum Buddhismus, Hinduismus und interreligiösen Dialog. Ausbildung zum Yoga- und Zen-Lehrer in Indien und Japan, Kursleitung in Deutschland, USA und Indien.

Offene Weite – nichts von heilig

Traditionen ermöglichen und verhindern

Religion, so heißt es, sei die Verhinderung von religiöser Erfahrung. Der Satz entstammt der modernen Tiefenpsychologie und ist selbst eingebettet in religiöse Entwicklungen bzw. die Entwicklung von Religion in der europäischen Neuzeit. Ob er so allgemein wahr ist, sei dahingestellt. Aber er wirft Licht auf ein Problem: unser Verhältnis zur Tradition. Tradition ist, wie alles im Leben, ambivalent, das heißt zweideutig. Einerseits bewahrt und überträgt sie kulturelles Wissen über die Zeiten hinweg, damit es angeeignet werden kann und das Rad nicht in jeder Generation neu erfunden werden muss. Andererseits prägt Tradition Vor-urteile, sie lenkt die Wahrnehmung in eine bestimmte Richtung und schließt andere Möglichkeiten aus, sie zurrt unsere Gedanken und Empfindungen fest, das heißt, sie ist wie eine Brille, die wir aufgesetzt haben, um zu sehen. Aber sie lässt uns nur sehen, was im Fokus der Brille zu sehen möglich ist. Traditionen der Sprache, des Denkens, der Kunst, der Religion – sie sind wie Fenster auf die Wirklichkeit: Wir sehen nur, was in diesem bestimmten Fenster erscheint. Doch es gibt andere Fenster, die Wirklichkeit anders sehen, erkennen und genießen lassen. Tradition, also Religion, ermöglicht und verhindert zugleich. Diese Einsicht ist nicht neu und wir könnten es dabei bewenden lassen, wenn nicht Menschen dazu tendierten, *ihre* je *eigene* Sicht auf die Dinge absolut zu setzen und damit für allein gültig zu erklären oder – mit einem Wort aus der Religion selbst – aus ihrer jeweiligen Sicht einen Götzen zu machen. Nicht nur die Götzen aus Holz, Stein und Metall sind das Problem, sondern vor allem die Götzen unserer Begriffe und Werturteile. Menschen tun dies, besonders auch im Zusammenhang mit Religion, aus zwei Gründen: aus Unsicherheit und aus Machtstreben. Erstens aus Unsicherheit, weil tief im Unterbewussten oder manchmal auch halb bewusst klar ist, dass meine eigene Sicht der Dinge so ganz überzeugend nicht ist, also muss ich mich ihrer vergewissern, indem ich mir das Argument der Zahl vorspiegle: Was alle glauben, wird schon richtig sein. Als ob Wahrheit etwas mit Mehrheiten zu tun hätte. Der eigene Zweifel wird dadurch übertönt: Dogmatismus aus Schwäche und Selbstzweifel also. Zweitens aus Machtstreben, weil Uniformität Macht über die Uniformierten bedeutet. Das trifft auf Kleidungszwänge, Verhaltenszwänge und Denkzwänge in gleicher Weise zu.

Religion hat es immer mit Macht zu tun, denn im Ritual und den Erzählungen und Deutungen von Welt vergegenwärtigt sie Ordnungen, die Übersicht ermöglichen. Übersicht entsteht in Hierarchien des Himmels und der Erde. Religion also repräsentiert und reflektiert, wie die Machtverhältnisse sind, die vom Menschen beachtet werden müssen, damit er nicht Schaden nehme. Die alten Götter waren meist mächtig, aber unberechenbar, so jedenfalls bei den Griechen und Indern. Man musste sie durch Opfer und allerlei Gaben gnädig stimmen. Später, zu Beginn des ersten Jahrtausends vor Christus, wurde in Mesopotamien, Indien und anderswo das kodifizierbare Recht entdeckt. Nicht Willkür und Zufall, sondern Recht und Notwendigkeit sollten nun den Lauf der Welt bestimmen. Die Götter verbürgten das Recht, das sie selbst setzten und an das sie sich halten würden. Dem, der sich an das Recht hielte, würde ebenfalls Recht widerfahren. Doch schon die Hiobsgeschichte zeigt, dass dem nach menschlicher Erfahrung nicht so ist. Der rechtlose Machtmensch scheint zu triumphieren und der Fromme hat das Nachsehen, ja, er muss schrecklich leiden. Gott antwortet Hiob nicht mit einem Argument, sondern mit einer Machtdemonstration: Wer bist du, dass du anklagst, warst du etwa dabei, als ich die Welt erschuf? Du gleichst dem Geist, den du begreifst, nicht mir – tönt es Jahrtausende später in Goethes Faust, gesprochen zu dem zweifelnden Faust, gedonnert vom Erdgeist, dem der Mensch ausgesetzt ist, den er aber nicht zu fassen vermag.

Doch der Mensch will es fassen, will begreifen, um zufrieden zu sein. So entwickelten sich die „Erlösungsreligionen“ – Buddhismus, Christentum, viele Formen des Hinduismus, Islam, auch das rabbinische Judentum und viele andere mehr. Da war am Anfang eine tiefe Erfahrung von Geborgenheit, die nicht aus menschlichem Willen und Denken kam, sondern die alles Fragen und Zweifeln zerschmetterte, nicht durch Macht, sondern durch Liebe: Das unbegreifliche Mysterium selbst gibt sich hin, macht sich dem Menschen heimisch. Einige nennen es Gott, andere nicht. Entscheidend war hier: Nicht die Opferrituale und Rechtsnormen halten die Welt zusammen, sondern die befreiende Liebe, die aus dem Grund der Wirklichkeit selbst kommt.

Als Christen reden wir grundlegend von der Liebe: „Gott ist Liebe, und wer in der Liebe bleibt, der bleibt in Gott und Gott in ihm“ (1. Johannesbrief 4,16). Liebe, heißt das, ist nicht bloß ein Gefühl, ist nicht eine vorübergehende Laune des Schicksals, sondern die Grundstruktur der Wirklichkeit selbst: dass alles, wie es ist, *letztlich* in einem großen Zusammenhang aufgehoben ist, eins in allem und alles in einem. Durch Zen ist mir zur Erfahrung geworden: Man kann kaum lieben *wollen*, schon gleich gar nicht lieben *sollen*. Sondern Liebe geschieht – und erst davon abhängig ist überhaupt etwas: die Erde, die Natur, wir Menschen. Nicht, dass erst einzelne „Dinge" da wären, die dann nachträglich Beziehungen eingingen – und das nennen wir dann, wo Erkenntnis und Emotionen im Spiel sind, Liebe. Nein, alles, was ist, verdankt sich dem Geschehen der Liebe. Dies ist der Grund der Wirklichkeit. Alles, was ist, ist sekundär, davon abgeleitet. Liebe ist wie ein Strom von Energie, der ein Beziehungsnetz aufspannt, und in diesem Strom gegenseitiger Abhängigkeit entsteht, was wir als Wirklichkeit erleben. Im Zen erfährt man diesen Strom jenseits einzelner Vorstellungen, Bilder, Gegenstände. Es ist etwas tief am Boden des Bewusstseins und dieser offene Raum schwingt in allem mit, was ist. Die Konzentration muss nur ganz fein werden, so dass sich alle Gegensätze vereinen – und dann wird dieser Raum, dieser Klang vor jedem Klang, der Ton, der da ist, bevor es einatmet, der Geist, der alles umfasst, spürbar. In verschiedenen Sprachen, Bildern, Erzählungen und Begriffen haben die Religionen diese Grunderfahrung ganz unterschiedlich ausgedrückt und daraus Traditionen geformt. Eben, Traditionen. Und hier gilt: Traditionen ermöglichen und verhindern.

Denke das Nicht-Denken

Was aber meine ich, wenn ich „Zen" sage? Zen ist die Tradition, die besonders sensibel dafür ist, dass jede Brille nur eine Brille ist und immer wieder abgesetzt werden muss, damit wir neu sehen können. Zen behauptet dies nicht nur, sondern lehrt eine Methode, wie das geschehen kann, ohne dass der Mensch im geistigen Chaos endet. Ganz im Gegenteil: Zen befreit zu einer Freiheit von Worten, Begriffen, Bildern,

Ritualen usw. Und just diese Freiheit erlaubt es, ganz neu und ohne jedes Vorurteil die Rituale des Lebendigseins neu zu zelebrieren. Was heißt das?

Zen kann man beschreiben als die systematische Lebensübung, von Vorurteilen frei zu werden. Weil jedes Urteil hinterfragt, analysiert und zersetzt wird. Nicht mit logischen Argumenten, wie die Philosophie es tut, sondern mit einer existenziellen Übung des Körpers und des Atmens, wo sich der Mensch seiner tiefen Einheit mit allem bewusst wird. Ich *erfahre*, dass das, was mir als „Gegensatz“ erscheint, in Wirklichkeit die Kehrseite der Medaille ist. Das klingt banal, ist es aber nicht. Denn alle unsere Gewohnheiten der Wahrnehmung, des Fühlens, des Denkens, des Urteilens und des Handelns sind davon betroffen. Zen richtet die geballte Aufmerksamkeit nicht auf irgendwelche Objekte des Bewusstseins – Begriffe, Bilder, Vorstellungen, und seien sie noch so hehr und heilig – sondern auf die Wurzel aller geistigen Prozesse selbst. Dadurch relativieren sich nicht nur die Bilder und Gedanken, sie bekommen auch neues Leben.

Zen führt ein in eine Tiefenerfahrung des Geistes, die auch als „Leerheit“ beschrieben wird. Was ist damit gemeint? Der Zen-Übende lässt die Gedanken vorüberziehen und verweilt nicht bei ihnen, er hält sie vor allem nicht für Abbilder der Wirklichkeit. Gedanken sind vielmehr Produkte des Bewusstseins, und Begriffsbilder sowie Konzepte entstehen, wenn Sinneseindrücke zusammengefasst und vom Bewusstsein in wieder erkennbaren Mustern verarbeitet werden. Sie repräsentieren Teilbereiche des Wahrgenommen in einer Gestaltgebung (Begriffe), die vom Bewusstsein selbst hervorgebracht wird. Das Problem wird nun nicht nur im Zen, sondern in fast allen Schulen des Buddhismus darin gesehen, dass der Mensch diese Begriffsbildungen für das Wirkliche hält und damit die Dinge verfälscht wahrnimmt, nämlich getrennt, also in Dualitäten aufgespalten durch Urteile, die zu Einseitigkeiten und Verstrickungen führen. Begriffe sind zwar notwendig, um die Vielfalt der Sinneseindrücke zu filtern und zu ordnen, doch sie repräsentieren nicht das, „was ist“, sondern erzeugen Stereotype und Projektionen, und die Wirklichkeit erscheint in Rastern des Gewohnten, Vergangenen und stereotyp Geordneten. Vor allem aber verhindern feste Vorstellungen („fixe Ideen“) die Offenheit für das Gegenwärtige und spontan Neue in jedem Augenblick. Die Zen-Übung bewirkt nun, dass das Bewusstsein frei werden kann, indem das Aufnehmen und Verarbeiten ständig neuer Sinneseindrücke unterbunden wird. Stattdessen konzentriert sich das Bewusstsein auf sich selbst, d. h. auf einen in ihm selbst wirkenden Strom von achtsamem Gewahrsein. Im Zen gilt: Auch alle Begriffe und Vorstellungen des Zen müssen letztlich fallen gelassen werden.

Das Ziel des Zen besteht also im Nicht-Anhaften an Gedanken, Gefühlen, Handlungen. Nicht-Anhaften auch am Zen! Diese Haltung teilt das Zen mit allen anderen Formen des Buddhismus. Die berühmte Formulierung des japanischen Zen-Meisters Hakuin (1686–1769) „Denke das Nicht-Denken“ meint eine klare Bewusstheit und Aufmerksamkeit, die in sich selbst stabilisiert ist, ohne dass die Aufmerksamkeit einen *Gegenstand* des Denkens dabei festhielte und sich durch dieses Festhalten stabilisieren würde. „Nicht-Denken“ ist nicht die Abwesenheit von Gedanken – denn das wäre nur der Gegensatz zu Gedanken und bliebe auf der Ebene der Dualität –, sondern ein Zustand frei von der Dualität von ja und nein, der freie Fluss des Bewusstseinsstromes ohne Bewertungen, die das eine ergreifen, das andere aber verneinen würden.

Zen ist eine Übung des Schweigens – dabei schweigt nicht nur der Mund, sondern vor allem der Geist, das heißt die Gedanken, Emotionen und Bewertungen jeglicher Art. Das ist nur möglich, wenn der Körper zur Ruhe kommt. Dieses Schweigen ist sicherlich ein Rückzug in die ganz elementaren Prozesse des Lebens – Rückzug auf den Atem und ein Spüren in das hinein, was dem Atem zugrunde liegt, ein

Schweigen, das ganz subtile Bewegung ist, ein Ur-Klang, den man nicht mit dem äußeren Ohr hört, wohl aber mit dem inneren. Es ist der Raum, aus dem alle Bilder, Hoffnungen, Erwartungen aufsteigen. Wenn man mit diesem Raum in Berührung kommt, dann ist man an der Wurzel dessen, was religiöse Sprache in verschiedenen Worten ausdrückt: Gott, Geist, Tiefenbewusstsein, Buddha-Natur, Logos. Ich wiederhole: Diese Sprachen sind unterschiedlich und sie erzeugen unterschiedliche Vorstellungen und Lebensweisen. Die Religionen sind nicht gleich. Aber alles wurzelt in einer tieferen Dimension, in der alles zu einer großen Einheit kommt, nein: Aus dieser großen Einheit kommt alles, was wir in unserer Erfahrungswelt differenziert wahrnehmen. Der amerikanische Trappistenmönch Thomas Merton hat darum auch darauf hingewiesen, dass das kontemplative Schweigen zwar eine Einsamkeit bedeutet, die allerdings nicht zur Vereinzelung und Abkapselung führt. Der schweigende Mensch ist mit allen verbunden. Dies ist die ursprüngliche Erfahrung der Liebe, die mehr als ein Gefühl ist. Sie ist die Kraft des Seins selbst. Liebe kennt kein „Du sollst". Sie ist der Ausdruck des „Du bist". Du bist was? Ein Echo der einen unfasslichen göttlichen Wirklichkeit, der Ausdruck eines unmittelbaren Willens zum Leben. Ich lebe mein Leben in „Gott" und alle anderen Wesen leben in gleicher Weise. Dies wird in der tiefen Zen-Erfahrung ganz unmittelbar bewusst. Die Folge davon ist, dass alles, jedes Lebewesen, jeder Mensch unendlich kostbar wird – wir können gar nicht anders, als allem in einer tiefen „Ehrfurcht vor dem Leben" zu begegnen. Dies ist die „ethische Mystik" oder „mystische Ethik", wie sie Albert Schweitzer zu leben versuchte. Sie folgt nicht aus logischem Schlussfolgern, sondern aus einem voraussetzungslosen Lebensimpuls. Der Zen-Weg führt in diese Voraussetzungslosigkeit. Er schaut hinter jeden kulturellen und religiösen Firnis und stellt sich dem Erlebnis unmittelbarer Seinskraft in der Tiefe des Geistes, bevor das Bewusstsein Begriffe gebildet und damit die Wirklichkeit aufgespalten hat.

Zen öffnet den Menschen, diese Einheit zu sehen. Die christliche Tradition hat diese Einheit im Bild vom „mystischen Leib Christi" erahnt und Jesus selbst hat mit seiner Rede vom Weinstock genau in diese Richtung gewiesen. „Ich bin der Weinstock, ihr seid die Reben" (Johannes 15,5), das heißt doch, dass alle Wesen von dem einen göttlichen Lebenssaft durchflossen sind. Christen spüren dies in der innigen Verbindung im Geist Jesu. Menschen in anderen Traditionen nennen das in ihren Sprachen anders. Aber die tiefe Erfahrung dieser Einheit, das ist es eigentlich, was mir durch Zen aufgeleuchtet ist, und woraus ich jeden Augenblick zu leben versuche. Dann fällt es wie Schuppen von den Augen und ich lese viele Texte der griechischen Bibel in einem neuen Licht.

Personalität als Verbundenheit

Ist die christliche Gottesvorstellung nicht personal, während doch Zen einen personalen Gott ablehnt? Erstens lehnt Zen keinen personalen Gott ab, sondern weist darauf hin, dass jede Gottesvorstellung – ob personal oder transpersonal – Projektion eines anhaftenden Bewusstseins ist. Und zweitens: Was soll denn das Wort *personal* bedeuten? Auch die christliche Tradition weiß spätestens seit Augustinus, dass „Personalität" eine missverständliche Metapher für Gott ist. Machen wir es kurz: Wir können die Welt und den Grund der Welt, das Geheimnis ihres Seins, nur in anthropomorphen Bildern beschreiben, wie sie unserem Bewusstsein zur Verfügung stehen. Auch abstrakte Begriffe wurzeln in Vorstellungen, und ihre Abstraktion ändert nichts daran, dass sie menschliche Erkenntnisbedingungen widerspiegeln und nie die Sache an sich bedeuten können, wie Immanuel Kant ausgeführt hat. „Person" ist das höchste Gut, das wir an uns selbst erleben. Person bedeutet, dass wir sind, was wir sind, in Beziehung zu anderen. Wir sind in Abhängigkeit von unseren Eltern, Großeltern usw., in Abhängigkeit von allen anderen Menschen in der Gesellschaft, die leben und arbeiten und damit unsere eigene Lebensgrundlage ermöglichen: Lehrer, Bäcker, Bauern, Elektrizitätswerker, Busfahrer usw. Person bin ich in diesen Beziehungen.

Der Buddhismus spricht von Nicht-Ich, denn er lehnt eine unteilbare, unveränderliche Substanz, die „Ich“ wäre, ab. Dies ist nicht nur Theorie, sondern eine ziemlich einleuchtende Umschreibung dessen, was der Übende im Zen erfährt. Personalität aber ist nicht Individualität. Der Begriff des Individuums ist ohnehin schwierig. Er bedeutet: „das Unteilbare“. Aber bin „ich“ unteilbar? Indem „ich“ mich spüre, wahrnehme, erkenne, trete ich mir doch selbst gegenüber: „Ich“ erkenne „mich“, d. h. ich werde mir selbst zum Gegenstand der Erkenntnis. Damit bin ich aber ein „Dividuum“, ein Geteiltes. Wir könnten lange darüber philosophieren, was dies bedeutet. Erkenntnistheoretisch ist das Problem nicht neu: Kant, Schopenhauer, Nietzsche – sie alle haben das Thema auf verschiedene Weise erörtert. Ein naiv empfundenes Ich verschwindet, wenn man die Dinge analysiert. „Ich“ denken, fühlen, wahrnehmen, erfahren ist keine Individualität. Ja, „ich“ denke überhaupt nicht, sondern da ist das Denken und das erzeugt neben Gedanken und Gedankenverbindungen auch das Subjekt des Denkens, eben „Ich“. Aber zuerst ist das Denken, Fühlen, das Ich ist abgeleitet. Hinter dem Denken und Fühlen und Wahrnehmen kann das Bewusstsein – und das geschieht in der Zen-Praxis – in einen Grund sinken, in eine reine Aufmerksamkeit, in der die Gegensätze verschmelzen und nur noch „Gewahrsein“ übrig bleibt. In diesem Gewahrsein ist alles enthalten, alles aufeinander bezogen. Es ist ein Raum von Personalität, gegenseitiger Beziehung. Ich gebrauche gern folgendes Bild: Ein Pilzsammler geht durch den Wald und erblickt verschiedene Pilze: Der eine ist alt, der andere jung, der eine verdorrt, der andere frisch, einer krumm, der andere gerade, einer angefressen, der andere mit makellos rundem Hut. Dies scheinen individuelle Pilze zu sein mit ihrer je eigenen „Biografie". Aber das scheint nur so, denn die Pilzwurzel (das Myzel) ist unter der Erde, wie jeder Pilzkundige weiß. Die Pilze über der Oberfläche sind die Fruchtkörper ein und desselben Pilzes – es ist ein großer Zusammenhang. Zen bedeutet, vom naiven Pilzsucher zum Mykologen zu werden, der hinter die Oberfläche schaut und die Einheit im Wurzelgrund wahrnimmt. Personalität also ist die Einheit in der Verbundenheit mit allem anderen, wobei das je Besondere, das durch die eigene Biografie entsteht, dabei nicht verloren geht. Personalität ist die Einheit im Ganzen, die jeden besonderen Augenblick des Lebens und jede besondere Gestaltung durchdringt, wie der Geschmack eines Gewürzes verschiedene Speisen durchdringt, ohne dass die Verschiedenheit dabei verloren gehen würde. Oder wie ein Orgelpunkt, der die Melodien und Harmonien, die über ihm erklingen, durchdringt und in eine völlig einigende Beziehung setzt, ohne dass jene Einheit die Verschiedenheit und Besonderheit des Augenblicks der Tongebung bzw. der polyphonen Figur aufheben würde.

Dies sind Bilder, Vergleiche, die ganz unzulänglich sind, aber vielleicht die Richtung andeuten. Jedenfalls ist jede Zen-Erfahrung besonders, unverwechselbar und doch ist es immer „derselbe eine Geschmack". In christlich geprägter Sprache bedeutet dies für mich: Gott ist nicht ferne, sondern in jedem von uns sowie in jedem Augenblick in besonderer Weise gegenwärtig, und er bleibt dabei doch der eine unteilbare Gott. Wach für diese innerste Verbundenheit zu sein, heißt Personalität.

Liebe und das Böse

Ist nun nicht das Besondere des Christlichen die Liebe, die so im Buddhismus nicht zur Sprache kommt? Gewiss, die Sprachen sind verschieden, so auch die psycho-sozialen Muster. Doch Vorsicht: Es gibt auch in Bezug auf diese Frage weder *den* Buddhismus noch *das* Christentum. Beide haben sich in der Geschichte erheblich verändert und werden sich weiter verändern. Aber was ist denn Liebe? Ich hatte oben schon angedeutet: Liebe ist nicht die Verbindung von zunächst unabhängigen Wesen, sondern Liebe ist die Grundlage, das Verbundensein, das Netz eines Beziehungsgeflechtes, aus dem erst die Wirklichkeit einzelner Erscheinungen entsteht – angefangen von Atomen bis zu menschlichen Wesen. Liebe ist die Grundstruktur der Wirklichkeit. Im Zen kann man das leibhaftig erfahren, und dies ist wie eine Auferstehung aus der Dualität, aus der Getrenntheit und Fragmentierung, aus der Trennung von Gott, die ja das Christentum Sünde nennt. In Christus schauen wir diese Überwindung, diese leibhaftige Auferstehung, in einzigartiger Weise schon an, er ist der Prototyp und Maßstab für jede menschliche Entwicklung. Der Buddha ist ein anderes, wiederum einzigartiges Modell. Verschieden sind beide, aber nicht einander ausschließend, weil tiefe Wahrheiten, die mehr sind als die Behauptung von Sätzen, obwohl verschieden, dabei nicht widersprüchlich sein müssen. Christus will allerdings hier und jetzt geboren werden, ebenso sind sein Tod und seine Auferstehung die entscheidenden Ereignisse, die das Leben eines *jeden* Menschen *jetzt* zur Reifung führen. Das freilich hatte schon Meister Eckhart erkannt. Zen ist die genaue Übung, wie der Mensch als Einheit von Leib-Atem-Geist sich so vorbereiten kann, dass diese Verwandlung Gestalt gewinnt – bei jedem Menschen anders und doch ist es immer dasselbe.

Hier meldet sich ein Einwand, bewusst oder unbewusst sträubt sich die Lebenserfahrung bei so viel Harmonie und Einheit: Gibt es nicht das Böse, das schreckliche Leiden, die Niedertracht und Verzweiflung? Der sorgsame und schonungslos ehrliche Umgang mit dieser Frage führt zum Kern jeder Spiritualität, die diesen Namen verdient. Wir müssen unterscheiden: Es gibt Leiden, das aus der Vergänglichkeit (Sterben und Tod) sowie Veränderlichkeit der Natur (Naturkatastrophen) kommt. Kampf und Ausgleich der Gegensätze, auch im menschlichen Geist, sind eine Folge davon. Leben und Sterben sind zwei Seiten einer Medaille, das Vergehen und Neuwerden *ist* der Prozess des Lebens. Der Mensch hat die Intelligenz, sich darauf einzurichten, denn in jedem Abschied liegt ein Anfang. Wir leiden trotz der Einsicht, aber es ist möglich, dieses Leiden so zu erfahren, dass es in einem größeren Zusammenhang aufgehoben wird und – „von guten Mächten wunderbar geborgen" – gelegt werden kann in die Quelle des Urvertrauens, die manche Gott nennen, andere schweigend verehren, die freizulegen jedenfalls Inbegriff der Zen-Praxis ist. Und dann gibt es Leiden, das Menschen verursachen aus Aggressivität, Bosheit und Dummheit. Übermäßige Aggression mag eine Reaktion auf das Gefühl von Ohnmacht und Unsicherheit sein, das wir schon in frühester Kindheit erwerben; Bosheit als Gier und Hass mag der Versuch der Selbstbestätigung sein bzw. die Reaktion, wenn die Selbstbestätigung versagt wird – in jedem Fall wurzeln die boshaften Gedanken und Taten des Menschen in der Unwissenheit darüber, wer er selbst ist. Wer sich selbst als unfähig erlebt und für schwach oder einsam hält, wird dieses Gefühl von Mangel durch Aggression oder Autoaggression kompensieren. Solche Haltungen mutieren zu kulturellen Mustern, die dann durch Erziehung über Jahrzehnte und Jahrhunderte „vererbt" werden, und es entsteht der Eindruck von der unabänderlichen Gewalt des Bösen. Wer aber nicht nur intellektuell, sondern im tiefsten Grund seines Geistes „erkennt", dass er nichts anderes ist als das konkret gewordene Leben Gottes, wer erfährt, dass er im Atem und in jeder Bewegung des Leiblichen, Seelischen und Geistigen mit allen anderen Lebewesen verbunden ist, dessen Geist tanzt in Hingabe und Liebe und Freude. Einem solchen Menschen ist Liebe kein Gebot, sondern ein spontaner Ausdruck des Lebendigseins. Wer Zen übt, bekommt davon – oft erst nach schmerzhaften Geburtswehen – eine Ahnung, manchmal auch eine überwältigende und alles verändernde Erfahrung. Damit ist das Böse aus der Welt noch nicht verschwunden, beileibe nicht. Aber es ist ein weiterer Schritt in der Evolution des Lebens, in der Entwicklung des menschlichen Geistes getan.

In tieferer Reifung Mensch werden

Es geht nicht darum, wie sich „mein" Christentum verändert oder auch nicht. Es geht darum, wie ich in tieferer Reifung Mensch werden kann. „Christentum" ist Gesellschaftsstruktur, die Ausprägung eines Impulses, der von der Erfahrung der Jünger mit dem auferweckten Jesus von Nazareth ausging und der in der Geschichte sehr unterschiedliche Resonanz erfahren hat. Es gibt viele „Christentümer", wie die Geschichte zeigt, und es werden sich noch viele entwickeln. Ob mit oder ohne Zen. Diese Geschichte enthält Größe und Niedrigkeit des Menschen, Hoffnung und Enttäuschung, Mut und Verzweiflung. Sie ist auch voller Irrtum und Gewalt. Denn Gewalt entsteht aus dem Irrtum, dass ich meine, ein bedrohtes Ich zu sein, das seine Identität gewinnen muss, indem es sich übermäßig ab- und dabei den anderen ausgrenzt. Von diesem Grundirrtum der Unwissenheit befreit zu werden, die in der falschen Wahrnehmung und Denkweise von Menschen besteht, darum geht es im Zen. Die Unwissenheit ist die Dualität, die fundamentale Trennung der Welt in ja und nein, in mein und dein, in Subjekt und Objekt usw. Dies sind unvermeidliche Denkformen, aber sie spiegeln nicht die Tiefenstruktur der Wirklichkeit. Überwindung dieses Dilemmas, das ist Christsein. Ob Zen das Christentum verändert, kann man bezweifeln. Doch Zen kann einem neuen Christsein zum Erwachen verhelfen. Und dies dürfte dann auch Auswirkungen auf das Christentum haben – dies wiederum in mannigfaltiger Gestalt.

Denkbar ist eine Gemeinschaft von Menschen, die im Geist eines erneuerten Christseins Machtansprüche ablegen. Ein

„säkularisiertes Christentum", wie es schon dem Theologen Dietrich Bonhoeffer vorschwebte, wobei wohl eher ein „spirituelles Christentum" gemeint ist. Dies bedeutet auch eine Abrüstung von Wahrheitsansprüchen. Durch die Pluralität der Religionen und den Religionsvergleich geschieht dies ohnehin, langsam, aber unaufhaltsam. Wahrheitsansprüche werden relativiert und das macht vielen Menschen Angst. Wenn es aber, und das ist die unmittelbare Wirkung der Zen-Praxis, wenn es nicht bei der Relativierung bleibt, sondern die Menschen erkennen, dass zwar alles relativ, dabei aber auch relational, also aufeinander bezogen ist, dann erwachen wir zu Erkenntnis. Und durch diese Erkenntnis fällt die Angst dahin – das andere und Fremde bedroht dann nicht die eigene Identität, den eigenen Wert, sondern bereichert und erfüllt. Unterschiedliche Wahrheiten müssen nicht einander ausschließende Gegensätze sein, sondern die unterschiedlichen Seiten einer Sache, die wir noch nicht kennen. Das befreit und treibt dazu an, den Weg weiterzugehen, nicht stehen zu bleiben, sondern in Dankbarkeit für die Unerschöpflichkeit des Lebens mit Freude auf das Neue und Unbekannte das, was ich schon kenne, in einen größeren Bezug zu stellen, also in Relation zu sehen. Zen öffnet das Bewusstsein in diesem Sinne, es öffnet, andere Lebensformen, auch Riten, Begriffe und neue Gestalten schätzen zu lernen, kurz: eine neue Lebendigkeit zu entwickeln. Daraus ergibt sich heitere Selbstbescheidung. Die wiederum macht Mut und erlaubt Tatkraft aus Gelassenheit – aber nichts ist absolut: offene Weite, nichts von heilig, heißt es im Zen.

Mut zum Handeln kann auch Widerstand bedeuten: gelebten Widerstand gegen die heutigen Götzen des Menschen, die da heißen Konsumgier, Machtrausch und Gewalt. Aber auch Widerstand gegen gedankenlosen Traditionalismus und Einkapselung aus Angst.

Daraus folgt viel, und es ist ein Weg, der im Gehen entdeckt wird. Vorschnelle Allgemeinurteile und Rezepte für das Leben sind eher verdächtig. In diesem Sinne zum Abschluss eine Anekdote, die von Japan bis Indien erzählt wird. Sie geht so:

Kommt ein Missionar zu einem Zen-Meister und verwickelt ihn in ein Gespräch über Jesus. Der Zen-Meister preist die hohe moralische Qualität der Lehren Jesu. Darauf der Missionar: „Aber ist Jesus nicht ein ganz einzigartiger Mensch? „Ja, gewiss", antwortet der Zen-Meister. „Meinen Sie nicht, dass man sagen muss, dass er göttlich, ja der Sohn Gottes ist?" „Warum nicht, so kann man es durchaus ausdrücken." Freudig über seinen Erfolg verabschiedet sich der Missionar und geht. An der Straßenecke begegnet ihm Jesus. Der Missionar spricht erregt zu seinem Meister: „Herr, ich habe diesen Heiden dazu gebracht, Deine Göttlichkeit zu bezeugen!" Darauf Jesus: „Und was nützt das dir, außer dass es dein christliches Ego aufbläht?"

Ich habe nie den Drang verspürt, zum Buddhismus zu konvertieren. „Konvertieren"? Ja, eine Umkehr des ganzen Bewusstseins (*metanoia*, wie es in Markus 1,15 heißt) zum Grund des Seins. Es geht im Zen um Konversion zu dieser Tiefe, nicht um den Wechsel zu einer anderen kulturell-religiösen Lebensform, die dem Zufall geschichtlicher Wirkungen unterliegt. Zufall? Man kann es auch anders sehen. Ich bin geboren, wo ich geboren bin, aufgewachsen in einer bestimmten Sprache und Religion, erzogen von bestimmten Eltern und Lehrern. Vielleicht ist das, christlich gesprochen, der Wille Gottes? Oder, buddhistisch ausgedrückt, mein Karma? Es kommt darauf an, Christ zu werden, so wie ich vielleicht auch ein werdender Buddhist bin. Aber solche Formulierungen haben einen fast koketten Beigeschmack. Es geht darum, Mensch zu werden, und das heißt, sich zu öffnen für den unnennbaren Ursprung, aus dem alles Leben kommt, und aus dieser Kraft zu leben. Jedenfalls öffnet Zen dafür, alles als Geschenk, als neue Schöpfung, als Ausdruck der einen unbeschreiblichen Wirklichkeit anzunehmen. Zen als Geschenk, die christliche Erfahrung zu vertiefen. Und umgekehrt für die Buddhisten: der christliche Weg als Geschenk, die eigenen Oberflächlichkeiten im Spiegel zu sehen und wesentlicher zu werden. So türmt sich Geschenk auf Geschenk. Das Resultat ist Freude und Ermutigung, den Weg zu gehen. Darauf kommt es an.

Offene Weite – nichts von heilig. Genau darum, weil die Weite heilig ist. Sie ist offen, weil der menschliche Blick begrenzt ist. Nichts ist heilig, weil alles heilig ist. Der verstellte Blick ist das Unheilige, denn daraus folgt Abschließung, Eifersucht und Gewalt. Zen ist die Übung, den Blick zu öffnen.

Pia Gyger

geb. 1940, Heilpädagogin und Psychologin, 1984–1992 Leiterin des St. Katharina-Werks in Basel, Mitbegründerin des „Lassalle-Instituts für Zen-Ethik-Leadership" in Bad Schönbrunn in der Schweiz, Buchautorin zu Themen der Spiritualität. Zen-Schulung unter dem japanischen Zen-Meister Yamada Kôun Roshi und dem amerikanischen Zen-Meister Aitken Roshi, seit 1996 Zen-Lehrerin, 1999 Autorisierung zur Zen-Meisterin durch den amerikanischen Zen-Meister Glassman Roshi.

Eine größere Synthese

Persönliche Erinnerungen

Seit ich denken kann, ist Jesus der Christus, lebendige Wirklichkeit in meinem Leben. Als Kleinkind war der „Heiland" in der eigentlichen Bedeutung des Wortes Realität für mich; weder kitschig noch romantisch. Der Heiland war der Heiler, der Heilige, der Erbarmende, der das verlorene Schaf sucht, bis er es findet, und der Kinder besonders liebt.

Als junge Frau faszinierte mich Jesus, der Mann. Wie kam es, dass ein gut Dreißigjähriger so wunderbare, weise und gleichzeitig provozierende Geschichten erzählen konnte? Woher nahm er den Mut, laufend alte Traditionen und Gesetze zu überschreiten und infrage zu stellen? Schon als Zwanzigjährige verglich ich seine Handlungen und sein Sprechen mit meiner psychischen Reife und der meiner Freunde und Freundinnen. Bei diesen Vergleichen frappierte mich seine Menschlichkeit, die Trauer, Freude, Sehnsucht sowie Ärger und Zorn zuließ, die aber von einer Liebe umfangen waren, die ich sonst nirgends antraf. In diesen Vergleichen bewegten mich weniger seine Wundertaten als beispielsweise sein Umgang mit der berüchtigten Maria Magdalena: als sie ihm, mitten in einer Männergesellschaft, mit kostbarem Öl die Füße salbte und mit ihrem Haar trocknete. Oder die Art, wie er beim Heilen die Menschen immer in ihrem tiefsten Sein, in ihrer Freiheit und Verantwortung und in ihrer Ausrichtung ansprach. Kurz und gut: Ich erlebte ihn als einen wie wir, ganz Mensch – und doch ganz anders.

Während des Psychologiestudiums war es „in", dass wir Studenten uns selber, im Kontext der Freudschen Theorien, auf unsere Aggressionshemmungen und Leitbilder hin analysierten.

Wie kritisch ich auch schaute, ich konnte bei Jesus keine Aggressionshemmungen finden. Ich erkannte in ihm den großen Liebenden; aber seine Liebe war alles andere als Zuckerwasser-Liebe. Er konnte ebenso streng, fordernd und aufdeckend wie zärtlich, gütig und humorvoll sein. Die Art, wie er seine Jünger zurechtwies und wie er seine Gefühle zeigen konnte, beeindruckte mich damals mehr als seine Wunder; ebenso auch sein Mut zur Abgrenzung. Wie konnte sich ein gut Dreißigjähriger wochenlang in der Wüste Judäa zurückziehen, um mit seinem Gott allein zu sein? In all meinen Testfragen schnitt Jesus immer wieder so überraschend ab, weil er die üblichen Grenzen überschritt, dass mich das Geheimnis seines Menschseins immer tiefer berührte.

Bis zu meinem 30. Lebensjahr war ich nicht fähig, die Paulusbriefe zu lesen. Sie waren verschlüsselte Texte, zu denen ich keinen Zugang finden konnte. Erst nach dem 32. Geburtstag wurde ich über die Apostelgeschichte offen für die Botschaft des Völkerapostels und damit für die kosmisch-universale Dimension Christi. Mit tiefer Bewegung erkannte ich den auferstandenen, erhöhten „Herrn", der in einem immer währenden Akt von Vereinigungen und Läuterungen alle

Kräfte und Dimensionen des Alls an sich zieht. Die Begegnung mit dem „mystischen Leib Christi" erschütterte mich dermaßen, dass ich von da an in jedem Gottesdienst darauf wartete, den universalen Christus in seiner kosmischen, geschichtlichen und eucharistischen Dimension in zeitgemäßer Form verkündet zu hören. Vergeblich. Dies bewirkte, dass ich meine Freundinnen und Freunde immer öfter in Gespräche über den Kolosserhymnus oder besondere Aussagen wie „die Wirklichkeit aber ist Christus" (Kolosserbrief 2,17) verwickelte, nur schwer begreifend, weshalb ich sie damit irritierte und vor den Kopf stieß.

Geh an die Quelle der Kontemplation

Mit 27 Jahren trat ich in ein katholisches Säkularinstitut ein. Das St. Katharina-Werk, eine 1913 von der Baslerin Frieda Albiez gegründete Institution, war damals in einer Identitätskrise. Nicht nur die pädagogischen Institutionen bedurften der Erneuerung. Es war offensichtlich, dass die Spiritualität selber (Herz-Jesu-Verehrung, Sühne) eine Anpassung an das sich verändernde Bewusstsein verlangte. 1983 sah ich, dass die Wahl zur Leitung der Gemeinschaft auf mich zukam. Und da war meine Not. Ich hatte Erfahrung in der Erneuerung von Institutionen im sozial-pädagogisch-therapeutischen Bereich. Aber wie sollte ich eine Spiritualität erneuern? Wie konnte ich mich auf diese Aufgabe vorbereiten? War dazu nicht ein Theologie-Studium erforderlich? In schlaflosen Nächten bat ich um Führung und Weisung. Eines Morgens war die Antwort da, in jener Klarheit, Einfachheit und jener Atmosphäre des „Aha-Erlebnisses", die immer Begleitphänomene von Impulsen aus der Tiefe sind. Meine Unruhe war schlagartig vorbei. „Du brauchst nicht Theologie zu studieren, um deiner zukünftigen Aufgabe gewachsen zu sein. Geh an die Quelle der Kontemplation! Geh nach Japan zur Meditation. Alles andere wird dir zur Zeit gegeben werden."

Ich meldete mich bei der damaligen Generalleiterin und sagte zu ihr: „Wenn ich wirklich das Amt der Generalleiterin übernehmen soll, in einer Zeit, in der die Gemeinschaft dringend neue Konstitutionen braucht und die Spiritualität der Gründergeneration neu ausgesagt werden muss, will ich nach Japan gehen, um dort in der Zen-Meditation, die ich seit zehn Jahren praktiziere, weitergeführt zu werden. Die Japanaufenthalte werden meine Ausbildung sein für die Erneuerung unserer Spiritualität."

Als ich mit 42 Jahren über die Sommermonate zum ersten Mal nach Japan flog, um bei Yamada Roshi, dem letzten Zen-Lehrer und Freund von Pater Lassalle, tiefer in die Zen-Meditation eingeführt zu werden, prophezeiten mir einige meiner Freundinnen und Freunde, dass nun durch die intensive Zen-Meditation meine große Krise mit Christus beginnen würde. Die radikale Entbilderung und die intensive Schulung bei einem buddhistischen Meister, vor allem aber die Arbeit mit Zen-Koan, würden alle „Konzepte über Christus" in mir auflösen. Ich hörte diese Prophezeiungen mit Gelassenheit, radikal bereit, diesen „Test" mit mir geschehen zu lassen. Ich wusste, dass ich Christus als lebendige Wirklichkeit erfuhr, und staunte, dass vor allem Zen-praktizierende Theologen und Theologinnen von „Konzepten" sprachen. Trotz meiner Gelassenheit war meine Bereitschaft, den Test zu wagen, von großem Ernst umfangen. Ich wollte mich der Bewusstseinseinigung und der Bewusstseinsleerung radikal anheim geben, vertrauend, dass man tatsächlich nur Konzepte und Illusionen verlieren kann. Ich war überzeugt, dass eine Christuserfahrung, die dem Zen-Weg nicht standhält, nicht wert war, weiterhin ernst genommen und gepflegt zu werden.

Bei meinem ersten Dokusan (Einzelgespräch) mit Yamada Roshi fragte er mich, ob ich bereit sei, alles zu tun, um Erleuchtung zu erlangen. Obwohl ich schon zehn Jahre unter der Anleitung von Pater Lassalle meditiert und viel über Erleuchtung gehört hatte, reagierte ich bei meinem ersten Japanaufenthalt noch immer allergisch auf diesen Begriff. Erleuchtung hatte für mich den Klang von etwas Elitärem. Und mit einer Elite wollte ich nichts zu tun haben. Der Roshi, der mein Zögern sah, fragte eindringlich, was ich denn bei ihm wolle, wenn die Erleuchtung nicht mein Wunsch sei. Er sei nicht mehr jung und könne seine Kräfte nur noch für Menschen einsetzen, die wirklich erwachen wollten. Als ich noch immer „widerständig" vor ihm kniete, fragte er sehr direkt: „Sagen Sie mir offen, weshalb Sie meine Schülerin werden möchten. Japanaufenthalte sind nicht nur teuer, sie sind, vor allem in der Hitze des Sommers, für Sie auch sehr anstrengend." Die in diesen Worten durchklingende Güte ermöglichte mir zu sagen: „Ich suche nicht die elitäre Erleuchtung, ich möchte ein liebesfähiger Mensch werden." Daraufhin schaute mich der Roshi lange schweigend und ernst an. Und von Augenblick zu Augenblick wurde sein Gesicht heiterer. Als er schon die Glocke aufhob, um mit dem Läuten das Ende des Gesprächs zu signalisieren, sagte er mit herzhaftem und eindringlichem Humor: „Lieben lernen, das ist als Motivation nicht schlecht – but to realize this, you need Satory" („aber um das zu verwirklichen, brauchen Sie die Erleuchtung").

Die nun folgenden zwölf Jahre strenger Zen-Meditation unter verschiedenen buddhistischen Meistern haben das Gegenteil der Voraussagen meiner Freunde ausgelöst: Die Zen-Meditation bewirkte keine Auflösung, sondern eine so radikale Vertiefung dessen, was ich als „Christuswirklichkeit" erlebte, dass ich damit nicht meine buddhistischen Freunde und Lehrer, wohl aber viele meiner christlichen Freunde und Freundinnen irritierte! Die Art, wie Yamada Roshi mich durch die Koan führte, hat eine tiefe Prägung in mir hinterlassen. Ich fühlte tiefe Dankbarkeit, über die schon vorher in mir erwachte, nun aber sich von Koan zu Koan vertiefende Erfahrung des „Kosmischen Sinnes" und die Entfaltung der Einheit-Leere, die Grundessenz aller Phänomene.

Bevor ich die zur Sanbô Kyôdan-Schule gehörenden Koan beenden konnte, starb Yamada Roshi. So meldete ich mich zum Abschluss der Koanarbeit bei Aitken Roshi in Hawaii, seinem ersten Lehrnachfolger.

In uns selbst die Samen aller Religionen entdecken

Aitken Roshi war ein ausgezeichneter Lehrer im Dokusan-Raum. Er liebte die Koanarbeit über alles. Beim letzten Buch, den so genannten „Goi-Koan", meinte er mit einem verschmitzten Lächeln: „Diese Serie der Koan hat ‚trinitarische Aspekte'. Hast du Lust, die Gemeinsamkeiten und Unterschiede zum christlichen Verständnis von Trinität (Dreifaltigkeit) mit mir herauszuarbeiten?" Und wie ich Lust hatte! Das Angebot war für mich eine große Herausforderung, aber ebenso eine große Chance. Ich lernte die Einheit von Absolutem und Relativem mit der christlichen Erfahrung von Unio (Einheit) und Communio (Beziehung) zu vergleichen und immer mehr Sprache für die Gemeinsamkeiten und Unterschiede zu finden. Nicht selten endeten unsere Dokusan mit einem lauten, gegenseitigen Lachen.

So sehr also Aitken Roshi an Gesprächen über „trinitarische Aspekte der Wirklichkeit" und über „Immanente Trinität" interessiert war, so sehr war bei ihm eine innere Abwehr spürbar bei allem, was mit Christus zu tun hatte. Und als er mir einmal im Dokusan sagte, der „universale Christus" sei ein Konzept, da wusste ich, dass ich diese Bemerkung so nicht stehen lassen konnte. Beim nächsten Einzelgespräch sagte ich ihm: „Roshi, Sie wissen, wie dankbar ich Ihnen bin für Ihre Führung durch die letzten Koanbücher unserer Schule. Ich mache, als Ausdruck meiner Dankbarkeit, bei jeder Unterweisung neun mal die große Verneigung. Aus ganzem Herzen! Ich bin aber nicht bereit, die Aussage, Christus sei ein Konzept, stehen zu lassen. In diesem Bereich habe ich mehr Erfahrung als Sie. Ich möchte mit Ihnen über Christus sprechen. Aber dazu werde ich nicht vor Ihnen knien. Ich bitte Sie um ein Gespräch, in dem wir einander gegenübersitzen." Aitken Roshi schaute mich erstaunt an, entschuldigte sich dann in aller Form für die Aussage „Christus sei ein Konzept" und zeigte großes Interesse, von meiner Erfahrung zu hören. Schlussendlich vereinbarten wir einen zweitägigen Workshop miteinander, zu dem er den damals an der Manoa-University arbeitenden Professor für chinesischen Buddhismus, David Chappel, einlud. Ich persönlich lud dazu zwei Mitschwestern meiner Gemeinschaft ein. Die beiden Tage waren für uns alle ein Geschenk. Aitken Roshi hörte in großer Offenheit unsere Erfahrungen über das an, was wir als „Christuswirklichkeit" bezeichneten. Am Schluss der beiden Tage sagte er: „Ich bin der Sohn einer streng protestantischen Familie. Als Kind musste ich jeden Sonntag in die Kirche. In jedem dieser Gottesdienste langweilte ich mich. Hätte mir damals jemand so von Christus gesprochen, wie Ihr es jetzt getan habt, vieles in meinem Leben wäre einfacher gewesen."

Nach dieser Begegnung zeigte mir Aitken Roshi klar, dass er mir die Lehrbeauftragung (Dharma-Transmission) geben möchte. Er war aber nur bereit, dies zu tun, wenn jene Christinnen und Christen, denen er Lehrerlaubnis erteilte, durch die so genannte „Jukai-Zeremonie" formell Buddhisten wurden. Dies war mein Problem. Persönlich war ich schon damals vom Sinn der doppelten Zugehörigkeit überzeugt. Daher hätte mich die formelle Aufnahme in die buddhistische Gemeinschaft sehr gefreut. Gleichzeitig wusste ich, dass ich mit diesem Schritt viele Mitglieder meiner Gemeinschaft überfordern würde. Die Formulierung „Auf dem Weg des Zen – als Christ Buddhist", die Jahre später Niklaus Brantschen in seiner Biografie über seinen Zen-Weg gebrauchte, war damals noch verfrüht. In diesem Zwiespalt offerierte mir Aitken Roshi einen nochmaligen Workshop von zwei Tagen, um an dem Problem der Lehrbeauftragung und der doppelten Zugehörigkeit zu arbeiten. Wir hatten uns gut auf diese Tage vorbereitet. Ich schrieb Aitken Roshi folgenden Brief:

Lieber Aitken Roshi,

als Sie mich zum ersten Mal zu einem Mittagessen einluden, bei dem das Thema Lehrbeauftragung Hauptgegenstand unserer Begegnung war, da sagten Sie unter anderem: „The question ist how to go there. We are going into new ground" („Die Frage ist, wie wir dorthin weitergehen. Wir betreten neuen Boden").

Sie haben dabei etwas ausgesprochen, das ich selber tief empfand. Es ist neu, dass christliche Ordensleute den Zen-Weg gehen und als Zen-Lehrer tätig sind. Bei den wenigen, die diesen Weg gehen, ist eine umso größere Synthese nötig, je stärker sie in der Christuswirklichkeit verwurzelt sind. Nicht wenige der Theologen, die den Zen-Weg gehen, haben, obwohl sie an ihrer Rolle festhalten, davon ein vorwiegend intellektuelles Verständnis. Bei ihnen ist durch die Begegnung mit dem Zen daher keine neue Synthese nötig. Der „intrareligiöse Dialog" beschränkt sich darauf, die christlichen Inhalte und Rituale den Zen-buddhistischen Ausdrucks- und Interpretationsformen anzupassen. Bei verschiedenen christlichen Zen-Lehrern tritt dies immer deutlicher in Erscheinung und löst in ihren Kirchen zu Recht kritische Fragen aus. Fragen, ob es wirklich möglich sei, Christ zu bleiben, oder, wie ich es gerne nenne, tiefer Christ zu werden durch den Zen-Weg.

Als Sie, Aitken Roshi, mir bei jenem Mittagessen sagten: „We are going into new ground", bejahte ich diese Bemerkung vor allem bezüglich der eben angedeuteten Problematik. Ich bin keine enttäuschte Christin! Ich machte schon als Kind tiefe Christuserfahrungen. Es sind meine Erfahrungen der Christuswirklichkeit, die mich auf den Zen-Weg führten, die mich heute drängen, den interreligiösen Dialog zu suchen und die mich bewegen, die Jukai-Zeremonie zu machen.

Im Folgenden möchte ich unser Verständnis von Interreligiösem Dialog kurz skizzieren: Die Grundlage unserer Arbeit in der Begegnung der Weltreligionen ist ein evolutiver Ansatz. Konkret bedeutet dies, dass wir die Grundgesetze aller Evolution, durch Vereinigung Teil eines Größeren zu werden, auch in der Begegnung der Religionen und Mystiken für entscheidend halten. Nicht das Eintauchen in die Ununterschiedenheit bringt auf der phänomenalen Ebene Neues (dies wäre Regression), sondern die je neue Synthese der bestehenden Gegensätze und Polaritäten. Mit anderen Worten: Nicht die Auflösung der Gegensätze zwischen Zen-Buddhismus und Christentum ergibt die jetzt so nötige, neue Synthese, sondern die existenzielle Begegnung der beiden Traditionen und die dadurch stattfindende, gegenseitige Transformation.

In unserem letzten Workshop sagten Sie: „Als Bürger dieser Welt können wir in uns selbst die Samen anderer Religionen entdecken, diese Samen pflegen und sie ermutigen, zu wachsen und Früchte zu tragen."

Aufbauend auf diese Worte von Ihnen, möchten wir an folgenden Fragen mit Ihnen arbeiten:

- *Was heißt es ganz konkret, die Samen der Weltreligionen in uns zum Wachsen und Blühen zu bringen?*
- *Wie können wir als Christen und Buddhisten tief in die je andere Tradition eintauchen, ohne das eigene Erbe aufzugeben oder zu verwässern?*
- *Wie muss eine Begegnung auf der Ebene der Erfahrung und der Ebene der Reflexion aussehen, in der die Unterschiede nicht nivelliert, sondern in eine neue Synthese, d.h. in eine neue Gestalt integriert werden?*
- *Wenn wir uns über einen möglichen Weg klar sind, ist es dann nicht notwendig, die gegenwärtige Praxis (als Chris-*

ten die Jukai-Zeremonie zu machen, um volle Nachfolge als Zen-Lehrer zu erhalten) zu reflektieren?

- *Gehört der „neue Wein" nicht in „neue Schläuche"? Anders ausgedrückt: Könnten wir nicht gemeinsam neue Formen und Rituale der Sukzession entwickeln? Wäre es z.B. möglich, eine Form der Nachfolge zu entwickeln, bei der ausgebildete Zen-Lehrer explizit ordiniert werden, um mit der Zen-Meditation dem interreligiösen Dialog zu dienen?*
- *Könnte von Seiten des Buddhismus her die Zen-Meditation ein Geschenk an alle Religionen der Welt sein, so wie die Bergpredigt, das Herz des Evangeliums, ein Geschenk an alle Weltreligionen sein kann (Niklaus Brantschen)?*
- *Es ist die Aufgabe der Weltreligionen, mitzuhelfen am Frieden der Welt. Dies ist nur möglich, wenn die Weltreligionen selber zu friedlicher Begegnung, Ko-Existenz und zum gemeinsamen Einsatz für den Frieden in der Welt fähig werden.*

Was können wir tun, dass sich dieses Bewusstsein verbreitet?

Lieber Roshi, das sind die Themen, über die wir im Sommer gerne mit Ihnen und David Chappel sprechen möchten.

Gassho – Verneigung! Und eine herzliche Umarmung!
Pia Gyger 1993

Dieses Zusammensein hat ausgelöst, dass Aitken Roshi tatsächlich einen „neuen Schlauch" für mich geformt hat. Er gab mir den Lehrer-Namen „One Ground" („Ein Grund") und sprach bei der Zeremonie zur Lehrbeauftragung folgende Worte:

Das Lichtseil

Wo das Licht herkommt, weiß niemand. In der Diamond Sangha wird das Licht durch Koanprüfungen überliefert und direkt persönlich durch die Generationen weitergegeben. Es ist überbracht durch den Shākyamuni Buddha und seine indischen Nachfolger, durch die Generationen in China, Matsu und Lin-chi. Es gelangt zu Yang-Chi, dann in Japan zu Nampõ Jõmyõ und zu Hakuin Ekaku.

Hakuin entwickelte das Koansystem in seiner jetzigen Form. Das Seil aus Licht kommt von Hakuin durch Takujú Kosen zu Dokutan Sõsan, von da zu Daiún Sogaku, der, wie vor ihm Hakuin, alte Koan erneuerte und diese in die Ts'ao-tung-Tradition eingliederte.

Diese Linie setzte sich fort zu Hakuún Ryõkõ und Kõun Zenshin und gelangte ostwärts zum alten Laien Robert Aitken in Hawaii, Gyõun Chõtan. Und hier erscheint jetzt Pia Gyger, eine Braut Christi, aus der Familie des Apostels Paulus, der Hildegard von Bingen und des Meister Eckehardt. Gefestigt in ihrer eigenen Tradition öffnete sie sich dem Licht, das über Koanstudium und Erleuchtung der alten buddhistischen Lehrer überliefert wurde, ein Licht, das ihrem christlichen Verstehen und Lehren Tiefe und Perspektive gibt, indem es das Mysterium offenbart, das allen Religionen zugrunde liegt. Sie trägt dieses Licht in sich und erhellt damit ihre Gemeinschaft und die Welt. Sie ist an der Reihe, Täuschungen in Brand zu setzen und die alten Lehrer beider Traditionen zu verbinden. Sie ist an der Reihe, sich zu engagieren mitten in den Geburtswehen der Welt.

Für Schwester Pia Gyger, One Ground
Affiliate Teacher of the Diamond Sangha

Lassalle-Haus, 19. Juli 1996

Robert Aitken, Master
Diamond Sangha

Wie hat Zen mein Christsein verändert?

Ich kann es nicht besser sagen, als Aitken Roshi es tat: „Gefestigt in ihrer eigenen Tradition öffnete sie sich dem Licht, das über Koanstudium und Erleuchtung der alten buddhistischen Lehrer überliefert wurde, ein Licht, das ihrem christlichen Verstehen und Lehren Tiefe (...) gibt, indem es das Mysterium offenbart, das allen Religionen zugrunde liegt."

Meine Dankbarkeit gegenüber meinen buddhistischen Lehrern ist groß!

Aitken Roshi wird nicht nur von mir, sondern auch von vielen Mitgliedern meiner Gemeinschaft, die unser gemeinsames Suchen und Ringen miterlebt haben, tief verehrt!

Willigis Jäger

geb. 1925, katholischer Priester und Benediktinermönch, 1983–2001 Leiter des Meditations-Zentrums St. Benedikt in Würzburg, seit 2003 spiritueller Leiter des Benediktushofes in Holzkirchen bei Würzburg, Autor zahlreicher Bücher zu Mystik, Spiritualität, Zen und Kontemplation. Zen-Schulung unter dem japanischen Zen-Meister Yamada Kôun Roshi, seit 1981 Zen-Lehrer der Sanbô Kyôdan-Schule, 1996 Autorisierung zum Zen-Meister.

Im Grund ist alles eins in Gott

„Wessen Gedanke nur einmal die Brücke zur Mystik überschritten hat,
kommt nicht davon, ohne ein Stigma auf allen seinen Gedanken." (Friedrich Nietzsche)

Am Felsen von Surlei hatte Nietzsche eine tiefe mystische Erfahrung. Aus dieser Erfahrung heraus ist der obige Satz gesprochen. Ich kann ihn aus meinem Leben bestätigen. Als Sechsjähriger wurde ich über den rationalen Erkenntnisbereich hinausgehoben. Das weckte in mir die Sehnsucht nach tieferen religiösen Erfahrungen und ließ mich nicht zur Ruhe kommen, bis mich mein Leben in das Zen-Zentrum von Yamada Kôun Roshi in Kamakura in Japan führte. Dort durfte ich erkennen, dass alle wirklich spirituellen Wege auf den gleichen Gipfel führen. Wir haben als Menschen alle die gleiche Grundveranlagung. Es gibt nur einen Gipfel, auf den verschiedene Wege führen. Aber alle Wege haben die gleiche Grundstruktur. Es geht letztlich immer um die Zurücknahme des Ichs, damit Erfahrungsebenen auftauchen können, die durch die Ich-Aktivität verdeckt sind. Denn das Ich, diese gewaltige Errungenschaft der Evolution, ist gleichzeitig eine Eingrenzung. Es ist der Schleier, der unsere wahre Identität verdeckt. Wer diese Tatsache nicht akzeptieren kann, wird mystische Erfahrungen immer ablehnen.

Die Religionen kommen aus der Erfahrung ihrer so genannten Stifter. Wenn man diese Erfahrung mit fließendem Wasser vergleicht, dann kommt den Religionen die Aufgabe zu, andere Menschen daran teilhaben zu lassen und ihnen den Weg zur Quelle zu zeigen. In Wahrheit bieten sie den Menschen aber oft nur abgestandenes Zisternenwasser an (Teresa von Avila) oder Eis, gefrorenes Wasser. Ein anderes Bild: Religionen gleichen einer Kathedrale mit Glasfenstern. Alle Farben und Strukturen werden von einem Licht erleuchtet. Wer das Licht erfährt, erfährt das eine Licht, das sie alle erleuchtet. Religionen sind Modelle, an denen wir unseren Standort im Universum zu definieren versuchen, um nicht verzweifelt in der Unendlichkeit verloren zu gehen. Sie sind wie Landkarten, die uns im Leben führen und begleiten sollen. Aber sie sind nicht die Landschaft selber. Gewiss: Wir brauchen als Menschen Bilder und Konzepte, um miteinander zu kommunizieren und die Erfahrung zu verbalisieren. Sie sind mit unserer Gestaltwerdung entstanden. Darin leben wir und verständigen uns. Da liegt auch die Bedeutung der Religionen für uns Menschen. Diese sollten uns aber in die Erfahrung hinter allen Bildern und Konzepten führen.

Mystik und die Wege des Ostens

Nachdem ich jahrelang dem christlichen Weg der Kontemplation gefolgt war, erkannte ich während meines Aufenthaltes in Japan, dass das Christentum in seiner Mystik einen absolut gleichwertigen, parallelen Weg neben den spirituellen Wegen des Ostens besitzt. Leider wurde der christliche Weg im Laufe der Rationalisierung der Theologie vergessen. Die Mystik wurde der Dogmatik untergeordnet. Sie musste ihre Erkenntnisse immer redogmatisieren. Doch selbst hinter diesen Formulierungen ist für mich ganz deutlich der Durchbruch in die Dimension des „Einen“ zu erkennen. Hinter den Worten einer Teresa von Avila, eines Johannes vom Kreuz, eines Meister Eckhart und Nikolaus von Kues zeigt sich die gleiche Tiefe wie in den Worten der Weisen des Ostens.

Zwei Grundstrukturen für den Weg in die Erfahrung

Ich erkannte, dass die spirituellen Wege des Ostens und Westens nur verschiedene Weisen lehren. Sie führen in die gleiche Erfahrung. Sie bieten Übungswege mit zwei charakteristischen Grundstrukturen an: Bewusstseinsvereinheitlichung und Bewusstseinsentleerung.

Auf dem Weg der Bewusstseinsvereinheitlichung wird mit einem Fokus gearbeitet: Atem, Laut, Gehen. Der Übende wird eins mit dem Fokus. Wenn ihm das wirklich gelingt, öffnet sich das Bewusstsein in eine neue Dimension. Im Zen ist es der Atem oder das Koan „Mu“ [1], mit dem man beginnt. Im indischen Yoga ist es der Laut OM oder auch der Atem. Bei den Sufis ist es das Allah Hu oder auch die Drehbewegung. Die Christen benützen das Wort Jesus oder Gott. Die Übung setzt sich fort im Gehen, dann ist es der Schritt. Die Anleitung zu dieser Form des Übens findet sich im Christentum sehr deutlich in der „Wolke des Nichtwissens“ und im „Weg des Schweigens“, den Niederschriften eines englischen Mystikers für einen jungen Mann.

Die zweite Grundform besteht in der Bewusstseinsentleerung, einem Nichtreagieren des Bewusstseins. Das Bewusstsein ist hellwach, bindet sich aber an nichts. Der Übende lässt alles, was aufkommt, vorbeiziehen. Er gleicht einem

Spiegel, der alles reflektiert, sich aber mit nichts identifiziert. Diese beiden Übungsformen bringen eine De-automatisierung des Bewusstseins. Sie arbeiten seiner Grundtendenz entgegen, sich immer mit neuen Inhalten zu befassen. Im „Weg des Schweigens" wird es „Schauen ins nackte Sein" genannt. Johannes vom Kreuz charakterisiert es als „Reine Aufmerksamkeit" oder „Liebendes Aufmerken". Im Zen wird es Shikantaza („Nur-Sitzen") genannt, im Tao-te ching heißt es Wu Wei („Nicht-Tun", „absichtsloses Handeln"). Die Tibeter nennen es Mahamudra („Das Große Symbol"); das sind alles praktische Anweisungen, wie man die Leerheit erfahren kann.

Ich habe beide Formen lange geübt. Sie führen in einen transpersonalen Bewusstseinsraum. Dort gibt es ein Erfassen, Erkennen und Erleben, das keinen Erfassenden mehr kennt oder braucht. Diese Nicht-Dualität zu erfahren, ist das Ziel. Dualität ist ein sich selbst erzeugender Prozess, der aus der Einheit entsteht. Es ist das Leben selber, das sich immer wieder strukturiert und neu formiert, wie der Ozean, der immer wieder Wellen wirft. Im Alltag kehren wir immer wieder zurück in die Dualität und in die Ich-Identität. Das Universum ist ein grandioses Spiel. Ich spiele dieses Spiel mit Leidenschaft mit. Es ist das Spiel „Gott". Ich fühle mich mit allem und allen verbunden. Es gibt keinen Anfang und kein Ende. Und immer wieder merke ich, dass es keine Trennungen und keine Abspaltung gibt. Da ist nur Unendlichkeit. Aber dieses Wort hatte in den Erfahrungen eine ganz andere Bedeutung. Es gab alles und es gab es doch nicht. Es gab kein Kommen und Gehen. Es gab nicht Alpha und Omega. Es gab kein Alter, kein Sein und kein Nichtsein. Das ganze technokratische, systeminterne theologische Glaubensgebäude schmolz zusammen. Es war alles viel, viel einfacher. Was zurückblieb, war die Gewissheit, dass ich nicht das bin, was ich gemeint habe zu sein, und dass alles aus dem Hintergrund kommt, den wir Leerheit, Gottheit, das Eine nennen. Eine tiefe Ehrfurcht vor allem und eine heilige Ehrfurcht vor mir selber, vor meiner eigenen Würde ergriff mich. Diese Erkenntnis war gepaart mit einer großen Demut, aber auch mit einem klaren Auftrag, die spirituellen Wege, die in die Erfahrung des Glaubens führen, weiterhin zu lehren und den Menschen zu helfen, die plötzlich durchbrechen und keine Anlaufstelle in der Kirche oder Psychotherapie haben.

Mein verwandeltes christliches Selbstverständnis

Damit erhielt auch mein christliches Selbstverständnis einen ganz neuen Hintergrund und eine ganz neue Ausdeutung. Es ist der Hintergrund, aus dem eigentlich alle Theologie kommt und auch heute kommen sollte, nicht aus dem Wissen, sondern aus der Erfahrung dessen, was in den Heiligen Büchern steht. Die Aussagen der großen Weisen der Menschheit begannen zu leuchten. Sie deuteten auf das Eine. Jeder Absolutheitsanspruch im sprachlichen Ausdruck erschien lächerlich. „Gotteserfahrung" ist nicht Erfahrung eines Objektes. Es ist die Erfahrung des „Nichts", das jede Eingrenzung transzendiert. Texte traten in mein Bewusstsein, wie das Wort von Meister Eckhart: „Wenn ich in den Grund, in den Boden, in den Strom und in die Quelle der Gottheit komme, so fragt mich niemand, woher ich komme oder wo ich gewesen sei. Dort hat mich niemand vermisst, dort entwird Gott"[2] (Predigt Nr. 26). Ich könnte Gottheit mit Leerheit übersetzen und fände keinen Unterschied. Der Sufi-Mystiker Rumi sagt das Gleiche mit anderen Worten: „Bevor es Garten, Weinstock oder Traube gab in dieser Welt, war unsere Seele bereits trunken vom Wein der Unsterblichkeit." Oft hatte ich im Zen rezitiert: „In einem einzigen Bewusstseinsmoment schauen wir sämtliche Kalpas[3] – nichts anderes sind sie als das nackte Jetzt. Durchschaust du im Jetzt diesen einzigen Bewusstseinsmoment, durchschaust du im selben Moment den Schauenden selbst."[4]

Viele Sätze aus dem Glaubensbekenntnis und der Schrift begannen neu zu leuchten. „Gott von Gott, Licht vom Licht, wahrer Gott vom wahren Gott". Aber das bezieht sich nicht nur auf Jesus. Der ganze Kosmos ist die Inkarnation dieser Wirklichkeit, die wir Gott nennen. Der ganze Kosmos ist der Logos, von dem das Johannesevangelium spricht. Vater und Sohn können nur zusammen erscheinen. „Auf einmal und zugleich, als Gott war, da er seinen ihm gleich ewigen Sohn als ihm völlig gleichen Gott erzeugte, schuf er auch die Welt" (Meister Eckhart). Leerheit und Form sind nur zwei Aspekte des einen, zwei Enden an einem Stab.

Die andere Anthropologie Jesu leuchtete auf

Viele seiner Aussagen erhielten eine neue Deutung. Was der Bericht, der einem seiner Jünger namens Johannes zugeschrieben wird, von Jesus sagt, gilt auch für mich und für alle Menschen. „Die Herrlichkeit, die du mir gegeben hast, habe ich ihnen gegeben." – „Wie du, Vater, in mir bist und ich in dir bin, sollen auch sie in uns sein." – „Sie sollen eins sein, wie wir eins sind, ich in ihnen und du in mir. So sollen sie vollendet sein in der Einheit." – „Sie sollen meine Herrlichkeit sehen, die du mir gegeben hast, weil du mich schon geliebt hast vor der Erschaffung der Welt." – „Bevor Abraham war, bin ich." – „Philippus, wer mich sieht, sieht den Vater." (Johannes 17,20ff.)

Ich erkannte, dass das alles auch über mich und alle Wesen gesprochen ist und dass ich das alles auch sprechen kann, aber das hat mit meinem Ich überhaupt nichts zu tun. Es spricht dann aus mir, so wie es aus Jesus gesprochen hat. An Jesus kann ich ablesen, wer ich bin. Jesus ist der Typus des Menschen schlechthin. Er ist das Modell, an dem wir erkennen können, wie wir gemeint sind: als Söhne und Töchter Gottes, Kinder des ewigen Vaters, Licht vom Licht. Das sind Bilder und Metaphern, die an Bedeutung gewannen. Meister

Eckhart drückt es mit dem Wort „Gottesgeburt in der Seele" so aus: „Und es gebiert der Vater seinen Sohn in der Seele in derselben Weise, wie er ihn in der Ewigkeit gebiert und nicht anders. (...) Er gebiert mich als seinen Sohn und als denselben Sohn. Ich sage noch mehr: Er gebiert mich nicht allein als seinen Sohn; er gebiert mich als sich und sich als mich und mich als sein Sein und als seine Natur. (...) Was Gott wirkt, das ist eins; darum gebiert er mich als seinen Sohn ohne jeden Unterschied. (...) und ich bin derselbe Sohn und nicht ein anderer" (Predigt Nr. 7).

Gott personal – a-personal?

Wenn ich von da an das Wort „Gott" gebrauchte, schwang darin die Erfahrung der Unendlichkeit, Leerheit und des ganz anderen mit. Das Bild von der Symphonie entstand damals in mir. Gott ist wie eine Symphonie. Er hat sie nicht komponiert und spielt sie sich jetzt vor, bestraft vielleicht die Misstöne und korrigiert den falschen Rhythmus. Nein, er selbst erklingt *als* diese Symphonie. Er *ist* die Musik. Und alle Formen sind nur individuelle Noten: einmalige, unverwechselbare Noten. Und ihre Aufgabe ist es zu klingen. Wir sind der Klang Gottes in dieser ganz individuellen Note. Darum bin ich Mensch geworden, um als diese ganz individuelle Note in dieser Symphonie zu klingen. Als diese Note kann ich auch die Symphonie „Gott" ansprechen, wie es alle Mystiker getan haben. So kann er immer wieder auch zum Gegenüber werden. Allerdings wohl wissend, dass es dabei um „Nicht-Zwei" geht und dass es gleichsam eine „innergöttliche Beziehung" ist, wie die Beziehung von Weinstock und Rebe. Der Baum, das Tier und der Mensch können nicht sagen: Ich *bin* Gott. Das wäre Pantheismus. Aber: Gott offenbart sich *als* Baum, *als* Tier und *als* Mensch. Er ist es und ist es gleichzeitig auch nicht. Er ist gleichzeitig transzendent und immanent.

Dualismus des Westens

Immer wieder stieß ich auf das Grundproblem des abendländischen Denkens, auf den Dualismus in Philosophie, Theologie und Naturwissenschaft. Es ist die Angst, dem Göttlichen zu nahe zu kommen. Das Postulat, dass alles Fassbare dem Sein nach anders sein müsse, ist der Grund für das Misstrauen gegen die Mystik im Westen. Aber selbst in der zeitgenössischen Naturwissenschaft zerfließt heute alles Materielle in Energie und weiter in einen unfassbaren Hintergrund zurück. Die Nicht-Zweiheit ist zu einer Grunderkenntnis vieler Astrophysiker geworden. Manche holten sich ihre Bestätigung hierfür in der östlichen Mystik.

Eckhart war mein ständiger Begleiter auf dem Weg. „Wer Gott schauen will, muss blind sein" (Predigt Nr. 56). „Darum bitte ich Gott, dass er mich Gottes quitt mache, denn mein wesentliches Sein ist oberhalb von Gott, sofern wir Gott als Beginn der Kreaturen verstehen. Denn in demselben Sein Gottes, in dem Gott über allem Dasein und über aller Unterschiedenheit steht, da war ich selbst, da wollte ich mich selbst, und da erkannte ich mich selbst, diesen Menschen zu schaffen. Darum bin ich meinem Sein nach, welches ewig ist, Ursache meiner selbst, nicht aber aufgrund dessen, was ich erst geworden bin, denn das ist zeitlich. Und darum bin ich ungeboren, und darum kann ich niemals sterben. (...) In meiner Geburt wurden alle Dinge geboren, und ich war Ursache meiner selbst und aller Dinge. Und hätte ich gewollt, so wäre weder ich, noch wären alle Dinge, und wäre ich nicht, so wäre auch Gott nicht. Dass Gott Gott ist, dafür bin ich die Ursache" (Predigt Nr. 32).

Solche Texte können nur aus einer tiefen Erfahrung heraus entstehen. Daher bleibt Eckhart für mich zuerst Mystiker und in zweiter Linie neuplatonischer Theologe. Es wurde mir klar, dass in dieser Erfahrung auch die wirkliche Ethik gründet. Es ist die Ethik der Liebe, die letztendlich kein streng abgegrenztes Du und kein Zweites kennt. Was ich dem anderen antue, tue ich mir an. Ich bin krank in meinem Nachbarn und bettle im Bettler auf der Straße. Auch der Terrorist ist nicht ausgeschlossen. Auch durch ihn fließt dieser leuchtende Strom göttlichen Lebens. Sein Handeln ist Mangel an Erkenntnis, Mangel an dieser Einheitserfahrung, die bedingungslose Liebe ist.

Wir sind gottesgestaltig

Ich versuchte immer wieder, meine Erfahrung in eine christliche Terminologie zu übersetzen. Wir haben den Trennungsgraben zwischen Gott und Welt zu weit aufgerissen. Klemens von Alexandrien schreibt: „Der göttliche Logos ist Mensch geworden, damit wir von einem Menschen lernen können, wie ein Mensch vergöttlicht werden kann." Es gehe darum, so schreibt er, „hier in dieser irdischen Wirklichkeit bereits Gott zu werden und als ein Gott im Fleische umherzugehen." Und der Kirchenlehrer Basilius wagt den Gläubigen zu sagen: „Es ist uns aufgegeben, Gott gleich zu werden nach dem Vermögen der menschlichen Natur." Und Eckhart predigt: „Er (Jesus) ist aus dem Grund Mensch geworden, dass er (Gott) dich als seinen eingeborenen Sohn gebäre und als nicht weniger (...). Denn deine menschliche Natur und seine (Jesu Christi) haben keinen Unterschied."

Der Alltag ist das Ziel!

Jede tiefe Erfahrung führt zurück in den Alltag, ins Hier und Jetzt. Erleuchtung bedeutet nichts anderes als Realisation der Wirklichkeit. Achtsamkeit auf den Augenblick, das ist der Weg. Denn der Weg ist das Ziel. Koan sagen das sehr drastisch. Einer fragte den Meister in allem Ernst: „Was ist Buddha?" (Was ist das Wesen, was ist die eine Wirklichkeit?)

Der Meister antwortete: „Kotspachtel“ (Damit putzte man sich den Hintern ab). Wir können uns den spirituellen Weg nicht erdgebunden genug vorstellen. Da putzt der Meister mit seinem Schüler Toiletten. Der Schüler fragt, wo ist die Wirklichkeit denn jetzt beim Toilettenputzen? „Toilettenputzen!“ Unser Leben ist die wahre Religion. Was wir Gott nennen, will gelebt und nicht verehrt werden. Achtsamkeit auf diesen Augenblick führt in die Erfahrung und führt aus der Erfahrung zurück in den Alltag. Das Sakrament des Augenblicks nennt es Jean-Pierre de Caussade, ein christlicher Mystiker. „Spaltet ein Stück Holz, und ich bin da. Hebt einen Stein, und ihr findet mich dort“, sagt Jesus im Thomas-Evangelium (Thomas-Evangelium 77). „Wie wunderbar, ich spalte Holz, ich trage Wasser“, lese ich bei Hui Neng, dem sechsten Patriarchen des Zen.

„Leerheit ist Form, Form ist Leerheit“

Nikolaus von Kues, den vergessenen Mystiker, entdeckte ich neu. Er meinte nichts anderes im „Zusammenfall der Gegensätze“. Auch Meister Eckhart predigte das Gleiche in anderen Worten: „Gott schmeckt sich selbst. In dem Schmecken, in dem Gott sich schmeckt, darin schmeckt er alle Kreaturen. Mit dem Schmecken, mit dem Gott sich schmeckt, damit schmeckt er alle Kreaturen nicht als Kreaturen, sondern die Kreaturen als Gott. In dem Schmecken, in dem Gott sich schmeckt, in dem schmeckt er alle Dinge“ (Predigt Nr. 26). Oder: „Wer Gott so, (d. h.) im Sein, hat, der nimmt Gott göttlich, und dem leuchtet er in allen Dingen; denn alle Dinge schmecken ihm nach Gott, und Gottes Bild wird ihm aus allen Dingen sichtbar“ (Predigt Nr. 6). Und Nikolaus von Kues sagt es ähnlich: „Betrachtet man ihn (Gott), wie er in den Dingen ist, so betrachtet man die Dinge als etwas, in dem er ist. Und damit irrt man, denn das Sein des Dinges ist nicht etwas anderes eigenes, so wie ein verschiedenes, selbständiges

Ding, sondern sein Sein ist Abhängigsein. Betrachtet man das Ding, insofern es in Gott ist, dann ist es Gott und Einheit." (Aller Dinge Einheit ist Gott.)

Teresa von Avila beschreibt in ihrem Buch „Die Innere Burg" die Erfahrung wie folgt: „Hier jedoch ist es, wie wenn Wasser vom Himmel in einen Fluss oder eine Quelle fällt, wo alles nichts als Wasser ist, so dass man weder teilen noch sondern kann, was nun das Wasser des Flusses ist und was das Wasser, das vom Himmel gefallen; oder es ist, wie wenn ein kleines Rinnsal ins Meer fließt, von dem es durch kein Mittel mehr zu scheiden ist; oder aber wie in einem Zimmer mit zwei Fenstern, durch die ein starkes Licht einfällt: Dringt es auch getrennt ein, so wird doch alles zu einem Licht" (Die Innere Burg).

Philosophie und Mystik

Ich erinnerte mich wieder an mein Philosophiestudium. Ich las den „Feldweg" von Heidegger mit neuen Augen. Er wurde mir Anweisung zum kontemplativen Gebet. Schelling und Schleiermacher hatte ich während meines Theologiestudiums entdeckt und mit großem Gewinn gelesen.

Nietzsche widerfuhr am Felsen von Surlei ein tiefes mystisches Erlebnis, nachzulesen in „Ecce homo". Schopenhauer berichtet in seinem Philosophischen Tagebuch in einem Eintrag von 1813: „Ich aber sage in dieser Zeitlichen, Sinnlichen, Verständlichen Welt gibt es wohl Persönlichkeit und Kausalität, ja sie sind sogar notwendig. – Aber das bessre Bewusstseyn in mir erhebt mich in eine Welt, wo es weder Persönlichkeit noch Kausalität noch Subjekt und Objekt mehr giebt" (Tagebucheintrag 1813). Schopenhauer versucht die Welt so zu beschreiben, wie sie sich dem „Besseren Bewusstsein" zeigt: „Er blickt nun ruhig und lächelnd zurück auf die Gaukelbilder dieser Welt, die einst auch sein Gemüt zu bewegen und zu peinigen vermochten, die aber jetzt so gleichgültig vor ihm stehen wie die Schachfiguren nach geendigtem Spiel oder wie am Morgen die abgeworfenen Maskenkleider, deren Gestalt uns in der Faschingsnacht neckte und beunruhigte. Das Leben und seine Gestalten schweben noch vor ihm wie eine flüchtige Erscheinung, wie dem Halberwachten ein leichter Morgentraum, durch den schon die Wirklichkeit durchschimmert und der nicht mehr täuschen kann."

Im Zen gibt es das Beispiel vom Mond und den Wolken: „Der weiße Mond wird von den Wolken gesiebt. Die Nacht ist tief und klar"[5]. Dann, wenn der Mond einen Hof hat und von den Wolken nicht mehr unterschieden werden kann, ist das „Eine" erkennbar. Gott ist Subjekt und Objekt der Schöpfung – „coincidentia oppositorum" (Nikolaus von Kues).

Wir sind inkarniertes Bewusstsein

Wir sind Gestalt gewordenes Bewusstsein. Zurückschauend können wir die Welt nur in dieser Gestaltwerdung begreifen. Andere Wesen in einer anderen Gestalt begreifen die Welt, wie sie ihrer Gestaltwerdung entspricht. Die „sophia perennis", die „immer währende Weisheit" hilft uns dabei über diese unsere menschliche Gestalt hinauszuschauen. Wir müssen den Glauben aufgeben, dass die Welt aus etwas Festem besteht. Am Ende steht nicht einmal Energie, sondern etwas Immaterielles, das wir mit unseren Konzepten und Vorstellungen nicht erreichen. Darum bleibt auch alles, was in diesem Beitrag gesagt wird, mein persönlicher Versuch, der sophia perennis in unserer Spezies den Platz zu geben, der ihr helfen wird, sich selbst zu deuten. Sie führt in eine Erkenntnis hinter der Ratio, die Meister Eckhart Dunkelheit nennt: „Was aber ist diese Finsternis, wie heißt sie, oder wie ist ihr Name? – Ihr Name besagt nichts anderes als eine Empfänglichkeitsanlage, die (indessen) durchaus nicht des Seins ermangelt oder entbehrt, sondern eine vermögende Empfänglichkeit, worin du vollendet werden sollst“ (Predigt Nr. 59).

Sophia perennis – Rettung der Theologie?

Die sophia perennis, dieser zeitlose mystische Strom, der älter ist als alle Religionen, betreibt Erfahrungswissenschaft auf einer tieferen Bewusstseinsebene. Sie ist die „Religiosität der Zukunft“, wie Karl Rahner einmal angedeutet hat: „(...) weil die Frömmigkeit von morgen nicht mehr durch die (...) öffentliche Überzeugung und religiöse Sitte aller mitgetragen wird, die bisher übliche religiöse Erfahrung also nur noch eine sehr sekundäre Dressur für das religiös Institutionelle sein kann. Die Mystagogie muss (...) das richtige ‚Gottesbild‘ vermitteln, die Erfahrung, dass des Menschen Abgrund der Abgrund Gottes ist.“[6] – Im Kreise seiner Mitbrüder sagte er sogar einmal, dass die Überlebenschance des Christentums an seiner Wiederentdeckung der Mystik liegt.[7]

Man muss der Wahrheit gleichen

Abschließend möchte ich sagen: Zen hat nicht nur mein christliches Selbstverständnis verändert und vertieft, es hat auch meine anthropologische und kosmische Weltsicht verändert und mich, wie ich meine, in eine „wirkliche Wirklichkeit“ geführt. Ja, Zen hat mich am Ende über alles Konfessionelle hinausgeleitet, auch über Buddhismus und jede andere Konfession, was nicht heißt, dass ich theologische und philosophische Aussagen nicht akzeptiere oder religiöse Symbole und Rituale nicht schätze und mich im Christentum nicht wohl fühlen würde. Sie sind Metaphern einer Erfahrung. Sie gleichen Liebesliedern, die man nicht auf die intellektuelle Waage legen darf.

Jeder theologische Absolutheitsanspruch ist „Gottes“ unwürdig. „Schweig daher und klaffe nicht über Gott, denn damit, dass du über ihn klaffst, lügst du, tust du Sünde. (...) Auch *erkennen* (wollen) sollst du nichts von Gott, denn Gott ist *über* allem Erkennen“ (Meister Eckhart, Predigt Nr. 42). Und doch muss ich reden. Denn meine Erfahrungen sind nicht nur für mich. Darum werde ich sie weitergeben, denn das Mysterium ist jedem zugänglich.

Mit einem Schlusswort aus einer Predigt von Meister Eckhart möchte ich schließen: „Wer diese Predigt verstanden hat, dem vergönne ich sie wohl. Wäre hier niemand gewesen, ich hätte sie dem Opferstocke predigen müssen“ (Predigt Nr. 26), und: „Wer diese Rede nicht versteht, der bekümmere sein Herz nicht damit. Denn solange der Mensch dieser Wahrheit nicht gleicht, solange wird er diese Rede nicht verstehen“ (Predigt Nr. 32).

Was ich darlegte, ist mein persönlicher Werdegang, der mich aus einem kindlichen religiösen Selbstverständnis in die Freiheit führte, die Jesus, Shakyamuni Buddha und andere Weise den Menschen bringen wollten. Dabei bleibe ich immer ein Suchender und möchte das Gesagte für niemanden zur Norm machen.

---

1 Siehe Fußnote 5, im Artikel von Stefan Bauberger.

2 Die Zitate von Meister Eckhart sind entnommen aus: Josef Quint, Meister Eckhart, München 1969.

3 Weltzeitalter, steht für unerdenklich lange Zeit.

4 Mumonkan (Koansammlung), 47. Koan.

5 Denkoroku (Koansammlung), 33. Koan.

6 Karl Rahner: Schriften zur Theologie, VII, S. 22f.

7 Manuskript von Prof. Paul Knitter auf dem Ökumenischen Kirchentag in Berlin 2003.

Johannes Kopp
geb. 1927, katholischer Priester und Pallottinerpater, Leiter des Programms „Leben aus der Mitte – Zen-Kontemplation“ in der Diözese Essen mit dem besonderen Interesse der gegenseitigen Befruchtung von Zen und Christentum, Buchautor zum Thema christliche Spiritualität und Zen. Zen-Schulung unter dem japanischen Zen-Meister Yamada Kôun Roshi, seit 1985 Zen-Lehrer der Sanbô Kyôdan-Schule.

Eins-Sein ist immer Eins-Werden

Die Antwort auf die Frage „Wie Zen mein Christsein verändert“ kann ich nur geben in der Gesamtsicht meines Lebens. So sehe ich mich im Jahre 1950 an der staatlichen Schauspielschule Stuttgart. Ich wollte das Menschsein erleben in allen Weisen, nicht nur in einer bestimmten Existenzform. In der Frage nach dem Eigentlichen entdeckte ich die Abschiedsreden Jesu im Johannesevangelium. Ich lernte sie auswendig und sprach sie täglich ungefähr einen Monat lang. Da wurde mir Christus zu einem Ereignis, über das nichts mehr hinaus-, in das alles hineinging. In dieser Phase erschien zum ersten Mal in meinem Wortschatz das Wort „Zen“. Unsere Lehrerin für Stimmbildung und Sprecherziehung empfahl das Büchlein „Zen in der Kunst des Bogenschießens“ von Eugen Herrigel. Dieses Büchlein weckte in mir das leidenschaftliche Verlangen, Erkanntes umzusetzen auf einem Weg der Erfahrung, und war mitbeteiligt an meinem Entschluss, Priester zu werden. Als ich im Jahre 1971 dem Japanmissionar Pater Lassalle begegnete, wusste ich: Das ist es, was ich schon immer gesucht habe. „Sein in Christus“ war nach einschneidenden Erlebnissen einerseits mein Selbstverständnis und andererseits sah ich mich dahin auf dem Weg.

Die Spannungen, die sich aus dem traditionellen Verständnis von Zen-Buddhismus und Christentum ergaben, forderten mich heraus, mein Christsein zu leben auf dem Wege der Erfahrung. Wer sich als Christ auf den Zen-Weg einlässt, bewegt sich, ändert sich, wandelt sich. Er wird entweder seinen Glauben immer tiefer erfahren oder sich immer weiter von ihm entfernen.

Raus oder rein

Wer zu Beginn des Zen-Weges sein Christsein *nur* als Lehrsystem mit moralischen Wertungen erachtet, der wird sich auf seinem inneren Weg von solchen Überformungen befreien. Zen macht sensibel für das Lebendige. Wenn jemand das in seiner christlichen Tradition nicht findet, wird er sich entfremden und immer mehr Gründe finden, sich zu verabschieden. Nicht ohne Wirkung wird die Geisteshaltung sein, die der Lehrer auf den Schüler überträgt. Gewiss aber wird er – gemäß der Intensität, in der er den Weg geht – sich bewegen. Wer den Weg in Treue geht, der hat mir gewiss etwas zu sagen. Er ist vom Lebendigen angerührt und ist selbst ein Liebender des Lebendigen. So sagt eine große Wahrheitssucherin – Edith Stein: „Wer nach der Wahrheit sucht, der sucht nach Gott, ob er es weiß oder nicht.“ Wie weit er sich auch von traditionellen Formen entfernen mag, auf dem Weg der Wahrheit fährt er seine Antennen aus und steht auf Empfang und wird sie hören in seiner Sprache. Ein begriffliches Verständnis wird ihn nicht halten. Er wird sich immer tiefer in seinem Christsein und auch in seiner Kirche finden, wenn ihm sein Christsein zu einem Weg der Erfahrung wird, wenn er durch die Begriffe, ohne die keine Lehre bestehen kann, sich ergreifen lässt und zu diesem Lebendigen kommt, aus dem sich die Begriffe bilden und zu dem sie hinführen wollen. Zen drängt zum Lebendigen, zum Herzen, zum In-Sein. Zen ist herzlich. Christsein ist herzlich. Das Herz hat auch Gründe zum Einswerden und findet auch Gründe zur Trennung, die der Verstand nicht kennt. Aber gewiss ist, dass ein nur moralisches Brauchtums-Christsein auf dem Zen-Weg nicht bestehen bleibt. Ich hatte bereits, bevor ich den Zen-Weg begann, das In-Sein, das In-Christus-Sein, erlebnisstark und lebensformend erfahren. Eine Rückblende helfe zum Verständnis.

Es war ein unbeschreiblicher Glücksmoment, als mir gesagt wurde, dass ich die Aufnahmeprüfung an die staatliche Schauspielschule in Stuttgart bestanden habe. Von meinem Innersten her hatte ich mich gegen alle Warnungen der Vernunft entschieden. Das Wichtigste war dies: Ich wollte von meinem Innersten her mein Leben gestalten. So kam ich auch – wiederum gegen alle Erwartungen – zu meiner nächsten Entscheidung: Ich wollte Priester werden. Nach meiner Priesterweihe wiederholte sich dieses Muster. Als katholischer Priester flog ich nach Japan, um Schüler zu werden bei einem buddhistischen Zen-Meister. Ich blieb nicht nur katholischer Priester, sondern nahm das Abschiedswort meines buddhistischen Meisters nach meinem ersten halbjährigen Aufenthalt in Japan mit: „Wenn Sie weiter meditieren, werden Sie ein besserer Priester." Ein Buddhawort!

Als Priester auf dem Zen-Weg

Welcher Klick ist da religionsgeschichtlich geschehen? – Zu seinem neunzigsten Geburtstag in Dietfurt sagte Pater Lassalle zu Beginn der Eucharistiefeier: „Ich danke Gott, dass er mich zum Priester berufen hat." Ich gestehe, dass ich noch etwas hinsichtlich seines Zen-Weges erwartet hatte. Aber nun kann ich mit denselben Worten auf mein Leben und meinen Zen-Weg zurückblicken. Als Priester bin ich auf den Zen-Weg gekommen mit der Hoffnung und Leidenschaft, dieser Priester zu werden, zu dem ich mich berufen fühle. Dafür bin ich unendlich dankbar. Mich führte der Zen-Weg pfeilgerade in die Richtung, in die ich mich hineingerissen fühlte durch die Abschiedsreden Jesu im Johannesevangelium. Yamada Roshi präzisierte diese Richtung mit seiner Forderung: „Du musst verwirklichen, dass Jesus Christus in dir ist." Damit wurde mir Pater Lassalle noch mehr zum Vorbild. An ihm erlebte ich christliche Identität des Zen als „Weg, Wahrheit und Leben". Mich einzulassen in Zen und mich einzulassen in Christus war damit ein und dasselbe, wie der Wechsel von Spielbein zu Standbein. Es ist nicht nur das Zugleich, es ist auch die Intensivierung des einen durch das andere.

Wie komme ich bei dem radikalen Anspruch des Zen zurecht mit dem konkreten Erscheinungsbild der Kirche? Ich fühle die Kraft meiner religiösen Wurzeln im Lebensraum der Kirche, in der ich eine glückliche Kindheit erlebte mit Erfahrungen, deren Bedeutung mir auf dem Zen-Weg erst bewusst wurden. Ich fand zum Zen nicht aus einem Notstand und nicht, weil mir die Möglichkeiten in meiner Kirche defizitär erschienen. Der kontemplative Weg hat sich bereits mit meiner Entscheidung, Priester zu werden, eröffnet. Meinen Weg zum Zen habe ich in meinem Buch „Schneeflocken fallen in die Sonne. Christuserfahrungen auf dem Zen-Weg" beschrieben: „Aus der Faszination in die Faszination." Pater Lassalle erschien meinen Obern so vertrauenswürdig, dass sowohl von Seiten meiner Gemeinschaft wie von Seiten der Diözese sein Wort: „Schicken Sie den Pater Kopp nach Japan" genügte, um mir alle Möglichkeiten für den Zen-Weg zu eröffnen. Es war die Autorität eines großen Japanmissionars und eines Deuters des beginnenden Atomzeitalters im Zeichen der von ihm errichteten Weltfriedenskirche in Hiroshima und als Repräsentant und Pionier des Zen für Christen. Rückenwind gab ihm das Zweite Vatikanische Konzil, das den interreligiösen Dialog erstmalig zum großen Thema erhob. Je mehr ich mich auf den Zen-Weg einlassen konnte, umso mehr fühlte ich den neuzeitlichen Geist meiner Kirche. So erlebte ich die visionäre Kraft meines Meisters als Einweisung, den Zen-Geist in meinem Christsein wirken zu lassen. Da ich mich bereits mit einer nicht gegenständlichen Christusbeziehung in die meisterliche Führung begab, war mir der Zen-Weg keine Irritation, sondern eine bis dahin noch nicht erfahrene Intensivierung.

Diese Wirkung zeigte sich besonders im Verständnis der Eucharistie, zu der mir schon Jahre zuvor die Spiritualität von Teilhard de Chardin einen dem Zen entsprechenden Zugang erschloss. In der Atmosphäre eines Sesshin[1] wird das Geschehen der Eucharistie zu einer gegenseitigen Inspiration. Hier wie dort geht es um den Weg, den „großen Tod" zu sterben. In der Feier der Eucharistie mit dem Motiv der unendlichen Liebe.

„Während die Sesshin-Teilnehmer im Zendo[2] mit Yamada Roshi die Sutren rezitierten, die wie Orgeltöne das Haus erfüllten, sprach Pater Lassalle in der Eucharistiefeier im Nebenraum die Worte: ‚Nehmet hin und esset alle davon, das ist mein Leib, der für euch hingegeben wird'. Für solchen Einklang gibt es in der Religionsgeschichte kaum ein Beispiel. Es war das Charisma dieses Meisters in Kamakura, der seine Räume öffnete, um Christen zu ermöglichen, dass sie im Tun zum Tun ihres Glaubens gelangten. Das Tun in der Stille und das Tun im Wort, das eine wie das andere in einem Geist: ‚Tut dies ...'. Diesen Leib-Christi-Klang, diese Leib-Christi-Strahlung bemerkte ich – im Sesshin sensibilisiert und feinhörig geworden – den ganzen Tag hindurch."[3]

Aus diesem Geschehen fand ich zu der Wortbildung „Zen-Eucharistie". Für mein Programm „Leben aus der Mitte" fühlte ich mich zu der Wortwahl gedrängt: „Zen-Kontemplation“. Der Bindestrich zwischen beiden Worten symbolisiert das weltgeschichtlich Neue: die Integration beider Wege. Obwohl beide Worte in ihrer Bedeutung bleiben, vermittelt der Bindestrich die gegenseitige Inspiration und das Zukunftsmodell jeder Eigenheit. Wir leben in einer Phase der Evolution, in der jede Eigenheit sich verwirklicht in einer globalisierenden Tendenz. Jede Gruppe, Gemeinschaft, Nation und Religion wird mehr und mehr zu ihrer Identität finden im Sinn einer Existenz für das Ganze (Proexistenz).

Zen-Kontemplation und Zen-Eucharistie stehen für Integration. Zen-Eucharistie meint Eucharistie in der Weise, wie im Zen ein Tun gemeint ist: in vollständiger Wahrhaftigkeit, in der Überwindung der Dualität von Tun und Gesinnung. Zen-Eucharistie ist die Haltung, sich so in die Gesinnung Jesu einzulassen, dass es seine Gesinnung ist, aus der heraus sich dieses Tun ergibt, wie die Strömung aus einem Quell. Wer jemals mit einem Koan[4] übte und im Dokusan[5] sich die rechte Weise bestätigen ließ, der wird das Gemeinte verstehen. Ein Koan ist ein Wort oder ein Tun, das aus dem Bewusstsein kommt, zu dem es hinführen will. „Tut dies zu meinem Gedächtnis“ sind Worte Jesu in vollkommenem Ausdruck seiner Christus-Natur und sein Vermächtnis mit dem Auftrag zu diesem Tun. Es geht nun darum, die Dualität zwischen dem in der Eucharistie gesprochenen Wort und der Gesinnung Jesu zu überwinden. Und ebenso geht es um die Überwindung der Dualität der Gesinnung und des Tuns. Die eucharistischen Worte „Das ist mein Leib, der für euch hingegeben wird“, sind „Für-Worte“, die in der jetzigen Phase der Evolution für den Menschen als soziales Wesen unermessliche Bedeutung erlangen. Vollkommenster Ausdruck der Wesensnatur ist die unendliche Liebe und die unendliche Barmherzigkeit. Zen-Eucharistie zeigt zusammen mit der Umkehrung Eucharistie-Zen eine neue Qualität für den Zen-Weg in gegenseitiger Inspiration, einen Qualitätssprung im interreligiösen Dialog. Es ist nicht nur die Frage, wie Zen mein Christsein verändert. Auch die Umkehrung wird ein Thema: wie mein Christsein das Zen verändert. Ein religionsgeschichtliches Thema für die nächsten Jahrhunderte. Zeitgeschichtlich gibt es viele Gründe, dass gegenwärtig Christen mehrheitlich nur rezeptiv den Zen-Weg gehen. Damit sich die Hoffnung der Pioniere Yamada Roshi und Pater Lassalle erfüllt, muss sich das Neue ereignen in einer gegenseitigen Durchdringung und unermesslichen Bereicherung. Das wäre dann der von vielen erhoffte Qualitätssprung im interreligiösen Dialog. Ich finde diese Hoffnung ausgedrückt in der Wortbildung Eucharistie-Zen.

Für die meisten Menschen ist Eucharistie ein Fremdwort. Und auch für viele, die es kennen, ist es erlebnisfremd. Aber Zeitgenossen von Pater Lassalle erlebten Eucharistie interpretiert in seinem Tun und Lebenswerk. Die Worte Jesu: „Tut dies zu meinem Gedächtnis“ sah ich in seiner Lebensweise erfüllt. Unter diesem Eindruck schrieb Kardinal Hengsbach in seinem Nachruf: „Ich kenne Pater Lassalle als einen Priester, der mit dem Altar nahezu verwachsen ist und in ungewöhnlicher Selbstverständlichkeit täglich die Heilige Messe feiert, auch unter schwersten Bedingungen.“[6] „Tut dies ...“ war für ihn das eine gemeinsame Tätigkeitswort von Zen und Christentum und „Das ist mein Leib, der für euch hingegeben wird“ die vollkommene Demonstration der Wesensnatur in Liebe. Somit war für ihn Buddha der Herausforderer und Inspirator zur Verwirklichung des Auftrags Jesu: „Tut dies zu meinem Gedächtnis“. So bedarf diese so zugemutete Wortbildung Eucharistie-Zen keiner Erklärung, sondern eines Blicks auf das Leben von Pater Lassalle. Dann wird Eucharistie-Zen erkenntlich als Unendliche-Liebe-Zen, als Unendliche-Barmherzigkeit-Zen. Dann ist Zen die Verwirklichung der Liebe in der vollkommenen Entäußerung, Mitteilung, Kommunikation und Kommunion. Er hat sein Christliches durchdrungen bis zur puren Menschlichkeit. Deswegen hörte man

Yamada Roshi auch öfters sagen: „Ich bin für Pater Lassalle sein Lehrer im Zen und er ist für mich ein Lehrer im Leben." Möchte man aber das Geheimnis der Durchstrahlung seiner Menschlichkeit bis zu seinem wahren Wesen ins Wort bringen, dann ist sein „Geheimnis des Glaubens" die Eucharistie. Und er könnte dann ohne Pathos und sehr leise sagen: „Das ist Christus in mir." Er würde es so sagen, als würde er nichts sagen und nur das Faktum sprechen lassen.

Wenn in späteren Zeiten jemand erklären will und nach Gründen sucht, wie Zen und Christsein sich berühren, wird immer wieder die Rede auf den ersten Zeugen kommen, dessen Zeugnis zwar übersehen, aber nicht gelöscht werden kann. Christen, die auf dem Zen-Weg ihr Christsein verwirklichen, finden in Pater Lassalle ein Licht für den Weg.

Überwindung und Verwirklichung der Dualität

Begriffe irritieren in zweifacher Weise: in der Verhaftung und in der Missachtung. Für Menschen, die im gesellschaftlichen Umgang ihre Aufgabe erfüllen, sind Begriffe notwendig wie Verkehrszeichen. Wenn ein Zeichen nicht beachtet und nicht sinngemäß gedeutet wird, kann es sein, dass ein Verkehrsteilnehmer zu einem Falschfahrer wird, zu einem Unfallverursacher. Der Zen-Weg führt in die Einheit der Wirklichkeit. Auf ihm stehen Verkehrsschilder wie „Überwindung der Dualität". Das rechte Verständnis wird zu einem unermesslichen Segen, das Missverständnis zur Falschfahrt. Kann das Wort Dualität überhaupt in positivem Sinne verstanden werden? Kann es selbst auch zu einer Wegweisung werden: „Beachte die Dualität!" Wäre es denkbar, dass ein Zen-Meister sich veranlasst fühlte, einen Schüler aufzufordern, die Dualität zu beachten? Es würde vielleicht ein langes Dokusan, denn der Meister fühlte sich genötigt, in vielen Variationen die Notwendigkeit einer recht verstandenen Dualität zu erklären. Er könnte vielleicht sagen:

Du hast mit vielen Koan geübt und auf meine Fragen auch recht geantwortet. Bist du nun am Ziel? Du bist erst auf dem halben Weg. Ich bin erst auf dem halben Weg. Buddha ist erst auf dem halben Weg. Du musst verwirklichen! Da sind zwei: Da ist der Zustand, den du bereits erreicht hast. Und da ist der Zustand, auf den hin du erst auf dem Weg bist. Du bist kein Ziel-Wesen, du bist ein Weg-Wesen. Je klarer du siehst, dass du auf einem unendlichen Weg zu dir selber bist, umso geringer erscheint dir das bisher Erreichte. Und wenn du „den Weg", wenn du dich selbst in voller Klarheit erkennst, dann erscheint dir das bisher Erreichte wie nichts. Das ist wie das Verhältnis von Etwas zu Unendlich. Meine buddhistischen Schüler glauben das Unendliche als „Es" und sie streben danach, „Es" mehr und mehr zu verwirklichen. Ich prüfe sie immer wieder auf ihre „Es"-Erfahrung. Ich kann auch sagen: auf ihre Nichts-Erfahrung. Ich sage o.k. und hoffe, recht verstanden zu werden: immer noch nicht o.k. und nie o.k. Da gibt es ein Koan: „Eine Kuh geht durch ein vergittertes Fenster. Hörner, Kopf und die vier Beine sind schon durch. Warum kann ihr Schwanz nicht auch noch durchkommen?" Ein Schwänzchen Ich-Bewusstsein bleibt. Deswegen kann keiner sagen: Ich bin vollkommen durch. Wenn einer das nicht sieht, ist das sein blinder Fleck, eine Zen-Krankheit. Vielleicht die schlimmste. Das Bewusstsein, dass das noch nicht Erreichte unendlich größer ist als das Erreichte, ist eine dem Weg entsprechende und notwendige Weise von Dualität. Deswegen kann ich auch beten. Ich kann das unendlich Größere in mir bitten, dass ich es immer klarer erkenne und so immer mehr auf den Weg komme. Meine christlichen Schüler sagen zu dieser unendlichen und nie ganz zu erreichenden Wirklichkeit „Du".

„That is right, that is right"

Nach diesem fingierten Gespräch, in dem ich den Geist von Yamada Roshi und seine Zustimmung fühle, komme ich zu einer notwendigen, dem Weg entsprechenden Dualität. Kann jemand, der den Zen-Weg geht, beten? Kann er „Du" sagen? Diese Frage hat Geschichte gemacht, seitdem Christen den Zen-Weg gehen, und ich fand sie mit Beginn meines Zen-Weges beantwortet in dem Sinn: Gerade deswegen gehe ich diesen Weg. Auf diesem Weg finde ich mein Gebet herausfordernd und unendlich intensiviert, und der Weg selbst ist die Intensivierung und die Intensivierung der Weg. In meinen ersten Studienjahren in der Vorbereitung auf die Priesterweihe las ich von der heiligen Teresa von Avila: „Als ich erkannte, dass Gott in mir ist, hat sich mein Gebet verändert." Ich erinnere mich an den Moment, als ich diese Worte las. Und die erste Begegnung mit Pater Lassalle war mir eine frohe und begeisternde Einladung, den Zen-Weg zu gehen als einen Weg des Gebetes über Worte und Gedanken und Gefühle und alles Denkbare hinaus, wovon mir bereits Jahre zuvor eine lebensentscheidende Erfahrung zuteil wurde. Pater Lassalle selbst war mir dazu ein glaubhafter Zeuge und ein leuchtendes Vorbild. Als er mich zu seinem Meister, Yamada Roshi, brachte, erhielt ich nun auf dem authentischen Zen-Weg eine letztmögliche Herausforderung, der ich bis zum heutigen Tag nie genug nachkam. In seiner meisterlichen Autorität sagte er mir nach vierjähriger Begleitung und Anerkennung einer ersten Erfahrung: „Du musst verwirklichen, dass Jesus Christus in dir ist." Und als ich bereits zur Türe ging, wiederholte er „That is right, that is right" („Das ist es, das ist es"). Grünes Licht für meinen Weg. Öl aufs Feuer für mein Motiv. Und dies im großen Rahmen der Verwirklichung des Zweiten Vatikanischen Konzils mit dem weltgeschichtlich neuen religiösen und menschheitsvereinenden Programm des interreligiösen Dialogs. Ich fühlte mich auf dem buddhistischen Weg auch auf dem Weg zu mir selbst als katholischer Priester. So sah ich mich auf dem Weg der Überwindung einer Dualität und zugleich der Verwirklichung einer Dualität. Die eine schwindet, die andere strahlt auf.

Von dir darf nichts mehr bleiben

Die Dualität einer Gottsuche nach begrifflichem Muster in Zeit und Raum muss schwinden. „Gegenüber“ empfinde ich als Wort einer Anleihe aus einer räumlichen Vorstellung: ich *hier* und Gott *dort*. Das ist eine Dualität, die schwinden muss. Wir können nicht anders als raumzeitlich denken. Ich helfe mir mit einem „un-sinnigen“ Wort und spreche von Gott, den ich auf dem Zen-Weg suche und zu dem ich „Du“ sage, nicht als einem „Gegenüber“ sondern „Inüber“. „Ehre sei Gott in der Tiefe“ (Paul Tillich) meiner Selbst. „Tiefer als mein Tiefstes und höher als mein Höchstes“ (Augustinus). „Tiefer als ... und höher als ...“ – alles Denkbare wird gelassen und in der Erlebnisweise des Nichtdenkens zur Erfahrung des Nichts. Nichtserfahrung ist die negative Ausdrucksweise des Positivsten: sich hineingeben, sich weggeben, sich vergessen, hineinsterben in das unendliche Du. „‚Von dir darf nichts mehr bleiben, du musst aufhören zu sein‘. In diesem Augenblicke war ich auch nicht mehr, Gott war nur in mir und seine glühende Liebe.“[7] So wird die Nichtserfahrung zur Entgrenzung im unendlichen Du.

Dieses „tiefer als“ und „höher als“ wirft mich nicht zurück in ein statisches „Gegenüber“, sondern spannt mich aus zu meinem unendlich Geliebten, der mich in tieferer und höherer Vereinigung immer tiefer und höher hineinnimmt in seine unendliche Liebe. Aber nie ist es eine Entfremdung im andern, sondern eine immer tiefere und höhere Weise der Selbstfindung. So bin ich zu meinem wahren Selbst immer auf dem Weg, weil ich letztlich ganz ich selber bin im Eins-Werden mit Gott. So muss ich auch sagen, dass ich in meinem wahren Selbst meinem schon verwirklichten Selbst immer unendlich voraus bin. Wer deswegen von einem „Endzustand“ spricht, weiß nicht, was er sagt, es wäre ja dasselbe, als würde er sagen: „Ich bin Gott“. Mit der leidenschaftlichsten Geste sah ich Pater Lassalle, als er sagte: „Die Götzen unserer Zeit, das sind die Begriffe.“ Und die Begriffe lösen sich von selbst, wenn ich mich ergreifen lasse von dem, was ist: von meinem Atem, indem ich mit ihm eins werde. Von meinem Selbstvergessen in meinem geistigen Sterben, indem ich alles Vorstellbare und Wahrnehmbare lasse, um im Unvorstellbaren zu werden, was meinem wahren Wesen entspricht.

Diese Dualität des „Schon und Noch nicht“ ist wesensgemäß die Liebe. Liebe hat nie genug und will sich verunendlichen ohne Ende. Diese Dualität, die verwirklicht werden muss, ist das Du, das sich weitet aus dem „Schon“ zum geliebten und ersehnten, erreichbar unerreichbaren und sich stets vergrößernden „Noch nicht“. So wird Gebet ein Selbstgespräch in einem transzendierenden Selbstverständnis, in dem Selbstfindung und Gottfindung eins werden. Ich bin mir selbst in diesem wahren und eigentlichen Zustand so weit entfernt und so unbekannt, dass ich mich in diesem Zustand als einen anderen sehe, obwohl dieser andere ich selber bin – als solcher, der mir in meinem jetzigen Zustand noch gegenüber – besser gesagt „inüber“ ist. So drücke ich die Beziehung zu meinem Innigsten, zu Gott in mir aus im Du. Und das Du schwindet nie, weil ich immer auf dem Wege bleibe zu mir selbst. Mein Innigstes ist eins mit Gott. Aber dieses Eins-Sein ist und bleibt immer ein Eins-Werden. So bin ich in dem Maße bei mir selbst, wie ich bei Gott bin, und ich bin in dem Maße bei Gott, wie ich bei mir bin. Bei mir sein, bei Gott sein ist nie ein statischer, sondern immer ein lebendiger, verlebendigender, dynamischer Zustand.

„Man muss auch um die Erleuchtung beten"

Das ist eine Aufforderung von Yamada Roshi, die seinen Schülern und Schülerinnen vertraut ist. „Wenn es besonders schwierig ist, soll man ans Beten denken", rät er und bekräftigt seinen Rat mit Worten des großen Meisters Dogen Zenji: „Alle Buddhas und Patriarchen, die den Zen-Weg bereits vollendet haben, mögen mir gnädig sein (...) Sie mögen mich aus allen Hindernissen auf dem Weg befreien, die Dharma-Welt mit Vollkommenheit erfüllen und mir ihre Barmherzigkeit zuwenden." – „Er bittet also darum", erklärt Yamada Roshi „dass das mitfühlende Herz Buddhas das ganze Universum erfüllen möge und dass diese Barmherzigkeit auch ihm geschenkt werde. Ganz gleich, wie weit jemand auf dem spirituellen Pfad bereits vorangekommen ist, er oder sie bleibt immer ein menschliches Wesen und kann auf Dauer nicht ohne Gebet auskommen. Denjenigen unter euch, die das Gefühl haben, gegen eine Wand zu laufen und nicht voranzukommen, rate ich dringend zu inständigem Beten."[8] All unsere Bemühung ist eine Geste des Bittens, um wesensgemäß empfänglich zu werden. Im Gebet die Gedanken zu lassen, entspricht einem Reifegrad des Gebetes. Jegliches Gebet ist ja die Bitte um die größere Gnade des Betens, die dahin führen will, dass ich Gebet werde, dass ich nicht mehr beten will, sondern dass ich Gebet bin. „Dann tritt der Heilige Geist mit unaussprechlichen Seufzern für mich ein ..." (Paulus an die Römer 8,7). Das Gebet ohne Worte führt nicht zur Verachtung des Gebetes mit Worten, es befähigt vielmehr zum erfüllteren und erfühlteren Beten mit Worten, das wiederum hinführt zum wortlosen Gebet. Die Bitte „Dein Wille geschehe" ist die Bitte um das, was meine Trennung von meinem wahren, gottgeeinten Wesen aufheben will. Ich bitte darum, dass ich wollen kann, was meinem Wesen entspricht. Es ist die Bitte, in der ich dem Eigentlichen in mir das Sagen gebe, das große Vertrauen, in dem ich über alles Wünschbare meines jetzigen Horizonts hinaus einlasse in den Grund meines wahren Wesens. Das ist dic Dualität, die ich verwirklichen muss. Was ich in meinem jetzigen Ich-Blick habe, ist etwas anderes, als das, was in Blick kommt, wenn die Augen meines wahren Wesens geöffnet werden. „Dein Wille geschehe" kann ich sagen, wenn ich dem Willen meines gottgeeinten Wesens mehr als meiner Intelligenz und Klugheit vertraue. Würde ein Zen-Lehrer zu seinen christlichen Schülern sagen: „Beten ist sinnlos," dann wäre das wie ein Rasenmäher in Gemüse- und Blumenbeeten.

Die Frage „Wie Zen mein Christsein verändert" ist zugleich die Frage, wie ich auf diesem Weg klarer erkenne, was ich eigentlich will. Diese Klarheit erlebe ich wie einen Sonnenaufgang: Ich bitte um die Gnade des In-Seins ohne Außen. Das habe ich auf dem Zen-Weg erfahren. In mir sein und in Christus sein – diese beiden Weisen des In-Seins sind eins und – unterschiedlich. Das ist die Dualität, die ich einerseits überwinden und die ich andererseits zu meinem Glück in Liebe erleben darf.

---

1 Intensive Zen-Übungstage.

2 Zen-Übungshalle.

3 Johannes Kopp: Schneeflocken fallen in die Sonne. Christuserfahrungen auf dem Zen-Weg, Annweiler 2002 (3. Aufl.), S. 78.

4 Siehe Fußnote 5, im Artikel von Stefan Bauberger.

5 Zwiegespräch mit dem Zen-Meister zur Übungssituation.

6 Hugo M. Enomiya-Lassalle: Mein Weg zum Zen, München 1988, S. 129.

7 Emilie Schneider: Geistliche Briefe (1860), Köln 1987, S. 119.

8 Yamada Kun Roshi: Hekiganroku. Die Niederschrift vom blauen Fels, Bd. I, Hg. P. Lengsfeld, München 2002, S. 471.

Peter Lengsfeld

geb. 1930, katholischer Priester, von 1967–1992 Professor für Ökumenische Theologie an der Universität Münster, Buchautor und Herausgeber u.a. zum Thema Interreligiöser Dialog und Zen. Zen-Schulung unter dem japanischen Zen-Meister Yamada Kôun Roshi, seit 1989 Zen-Lehrer der Sanbô Kyôdan-Schule.

Ein neuer Schwerpunkt

Wie Zen mein Christsein verändert – das Thema gefällt mir. Es lädt ein zu einer besinnlichen Zusammenschau von Veränderungen, die sich in meinem Leben ergeben haben, seit ich vor zweieinhalb Jahrzehnten mit der Zen-Praxis begann. Die erste Hälfte dieser Zeit war ich noch als Hochschullehrer an der Universität tätig. Seitdem bin ich im so genannten Ruhestand. Die Zen-Praxis hat also auch die Funktion einer Brücke zwischen zwei Lebensphasen. Auf die Frage, was Zen in dieser Zeit für mein Christsein bedeutet, fallen mir drei Stichworte ein, um die sich die Veränderungen gruppieren lassen: Vertiefung – Erweiterung – und Schwerpunktverlagerung. Wenn ich noch eine Überschrift für den ganzen Weg meiner christlichen Lebenslinie hinzufügen soll, dann würde ich von einer lebenslangen Suche nach dem „Willen Gottes“ sprechen. Seit den Tagen des Erstbeichtunterrichts war dies meine Leitfrage. Es kam immer nur darauf an, herauszufinden, wie und durch welche Umstände sich dieser göttliche Wille in der jeweiligen Lebenslage offenbart. Darüber mehr zu berichten, wäre eine eigene Geschichte. Hier geht es darum, anhand der drei Stichworte zusammenzufassen, welchen Einfluss Zen auf mein Christsein hatte.

Beim Nachsinnen darüber, was hinter den mir spontan eingefallenen Stichworten steckt, merke ich allerdings, dass das gar nicht so leicht zu sagen ist. Ich kann nicht einfach drei Jahrzehnte zurückblättern und im Einzelnen nachvollziehen, wie Zen mein Leben und mein Christsein verändert hat. Ich habe keine Protokolle von damals. Ich habe nur Erinnerungen, die natürlich von der heutigen Sicht mitgeprägt sind. Der erste Einfall war das Stichwort:

Vertiefung

Nicht, dass ich mein damaliges Glaubensverständnis als flach bezeichnen müsste. Aber es reichte – von heute aus gesehen – nicht tief genug. Als Dogmatiker war mir vom Studium her die Fülle der Glaubensgegenstände eigentlich immer präsent, angefangen von den Inhalten des gemeinsamen Glaubensbekenntnisses bis hin zu den Dogmen, die im ökumenischen Dialog mit den anderen christlichen Kirchen diskutiert werden mussten. Seit meiner Schulzeit war mein Selbstverständnis als Christ und Theologe von dieser ökumenischen Aufgabe geprägt. Die Reform der Kirche(n) mit dem Ziel der Annäherung und Einigung gehörte zu den vorrangigen Aufgaben, die mit dem Christsein selbst gegeben waren.

Im Dialog mit Vertretern anderer Konfessionen waren für mich als Ökumeniker die überkommenen dogmatischen Lehrdifferenzen meist ein wichtiges Thema – und wir versuchten, durch ein tieferes Verständnis zu gemeinsamen Lehraussagen zu kommen, damit die konfessionelle Spaltung einmal überwunden werden könnte. „Tieferes" Verstehen hieß zunächst, sich genauer um den Kontext der Entstehung zu kümmern, die biblischen Grundlagen zu überprüfen und nach einer Interpretation zu suchen, die von der Mitte der Bibel herkommend von allen bejaht werden konnte.

Ich erinnere mich, dass dabei aber immer wieder ein lähmendes Gefühl aufkam. Ging es doch immer wieder nur ums Interpretieren, Interpretieren und noch mal Interpretieren. Oft mündeten diese Bemühungen in Frustration, weil wieder jemand noch feinere Unterschiede herausgefunden hatte und diese höher bewertet sehen wollte als das Gemeinsame. Irgendwie, so scheint mir heute, sind wir mit unseren theologischen Konsensbemühungen auf einer recht oberflächlichen rationalen Ebene geblieben, von der aus in der Tiefe nicht viel bewegt werden konnte.

Wie sich diese Erfahrung auf das Konzept ökumenischer Theologie ausgewirkt hat, habe ich an anderer Stelle[1] beschrieben. Für mein Selbstverständnis als Christ ergab sich – schon vor dem Einstieg in die Zen-Praxis – eine intensivere Suche in Richtung Spiritualität. Dazu gehörte zunächst, dass eigene und fremde Erfahrungen (mit der Bibel, den Dogmen, der Kirche, im Alltag, in der Umwelt) ernster genommen werden und ins theologische Denken integriert werden mussten. Eine große Hilfe war die damals aufkommende tiefenpsychologische Interpretation religiöser Symbole und biblischer Texte. Von den ignatianischen Exerzitien her war ich gewohnt, vorgegebene Texte und Betrachtungspunkte erst einmal in sich selber rational verstehen zu wollen und sie dann in einem zweiten Schritt auf das eigene Leben anzuwenden. Durch die tiefenpsychologische Arbeit an mir selbst (mit einer mehrjährigen Psychoanalyse) und die Anwendung dieser Methoden auf biblische Texte führte die meditative Schriftbetrachtung nun zu Einsichten, die oft wesentlich tiefer reichten als die übliche Exegese. Ich lernte auch – wie Joseph in Ägypten und der neutestamentliche Joseph im Matthäusevangelium – auf Träume zu achten und die darin vermittelten Botschaften ernst zu nehmen. Verglichen mit den bis dahin praktizierten Methoden, die sich vor allem an den Verstand und den Willen gerichtet hatten, ging die Verarbeitung biblischer Impulse jetzt wesentlich tiefer und reichte bis ins emotionale Grundgefüge des Daseins hinein. Die tägliche Meditation erreichte, wenn ich so sagen darf, eine größere Tiefe. Ich habe diese Phase als sehr fruchtbar in Erinnerung und habe oft auch durch Träume Weisungen erhalten, die in keinem Buch zu finden gewesen wären. Für mich war das eine neue Form meines Lebensthemas, des Hörens auf den „Willen Gottes". Biblische Bilder und Geschichten bekamen dann auch neues Licht aus der Schatzkammer des kollektiven Unbewussten, das C. G. Jung und seine Schule erforscht hatten. Wo Christus erschien, war diese Gestalt nicht nur der göttliche Mittler, der dogmatisch interpretiert werden musste, sondern ein Symbol des wahren Selbst, maßgebend und richtungweisend nicht nur für Christen, sondern für das Menschliche an sich.

Im Laufe der Jahre stellte sich aber heraus, dass die Erschließung dieser tieferen Schicht des Bewusstseins mich (und meine theologische Arbeit) noch immer nicht zufrieden sein ließ. Immer noch ging es ums „Interpretieren", um die Deutung vorgegebener Bilder, Texte, Geschichten und Konzepte. Ein Vorteil der tiefenpsychologischen Interpretation der Bilder war, dass dadurch schon mehr Licht vom göttlichen Urquell vermittelt wurde und mehr Lebensnähe zu spüren war. Zugleich wirkte das Ergebnis aber auch wie eine blasse Mattscheibe, die einen Teil des Lichtes resorbiert und den direkten Kontakt mit dem Urquell verhindert hat.

Im Nachhinein fällt mir noch ein anderes Bild für diese Phase meines Glaubensverständnisses ein: Es war wie bei Eisschollen! Wenn man sie in geeigneter Weise verschiebt, können sie zwar für eine gewisse Zeit tragen und eine Ahnung von dem vermitteln, was darunter ist. Doch geben sie den klaren Blick auf den Grund so lange nicht frei, wie sie überhaupt noch als Eisschollen existieren. Ich musste lernen, dass *Vor*-stellungen immer auch *Ver*-stellungen sind.

Erst wenn sie geschmolzen sind und die Sicht auf die tiefer liegenden Gewässer nicht mehr behindern, wird der Blick auf den Urgrund wirklich frei. An dieser Stelle hat Zen mir entscheidend geholfen. Die Frage nach dem Willen Gottes bekam eine völlig andere Gestalt.

Im Zen lernt man, alle Gedanken, Bilder und Konzepte loszulassen – auch die von Gott, Buddha, Himmel oder Hölle und erst recht die Konzepte von sich selbst. Das ist leicht gesagt, aber schwer getan, weil das Loslassen radikal sein muss und das Sterben des Ichs einschließt. Das ist ein mühsamer und bisweilen auch qualvoller Prozess, der sich näherer Beschreibung entzieht. Ins Bild übertragen heißt das: Die Eisschollen müssen schmelzen und sich völlig auflösen. Erst so kann die wahre Tiefe des Urgrunds allen Seins und das Einssein damit erfahren werden. Es war der japanische Zen-Meister Yamada Kôun Roshi, der mich auf diesem Weg geführt hat. Im deutschen Raum war es mir nicht gelungen, den Meister zu finden, den ich einem Traum[2] zufolge hatte suchen sollen.

Für uns Christen hatte Yamada Roshi großes Verständnis und – wie für alle – ein weites Herz. Nie hat er versucht, jemanden zum Buddhismus abzuwerben. Im Gegenteil! Er hat öfter gesagt: Durch Zen könnt ihr bessere Christen, bessere Priester, bessere Ordensleute werden. Gelegentlich sagte er auch, Zen könne für das Christentum so etwas wie eine Injektionsspritze sein. Durch Zen könne das Christentum von den Veräußerlichungen wegkommen, lebenskräftiger werden und wieder mehr aus seinen ursprünglichen Wurzeln, aus der mystischen Erfahrung, leben. Während eines Sesshin, eines mehrtägigen Meditationskurses, konnten wir Christen uns am Morgen jeweils zur Zeit, da die Buddhisten ihre Sutren rezitierten, in einem anderen Raum zur Eucharistiefeier treffen.

Was hat sich in zweieinhalb Jahrzehnten Zen-Praxis im Bezug auf mein Christsein geändert? Ich glaube sagen zu können, dass ich eine wesentliche Vertiefung des Glaubensverständnisses erfahren habe, besonders der biblischen Texte, Geschichten und Bilder. Biblische Texte haben – nicht zuletzt auch durch die in Japan gefeierten Gottesdienste – eine neue und tiefere Leuchtkraft erhalten. Ich kann besser spüren, worum es geht, nicht nur wissen und ahnen, sondern sehr oft geradezu körperlich spüren. Wenn ich früher mithilfe von Lexiken und historisch-kritischer Exegese oder später auch tiefenpsychologischen Betrachtungsweisen eine gewisse Verständnistiefe erreichen konnte, habe ich jetzt das Gefühl, wesentlich tiefer und klarer mit dem alles durchstrahlenden göttlichen Quellgrund, aus dem die Botschaft der Texte entspringt, verbunden zu sein. Ich glaube nicht, dadurch ein „besserer Christ" (was ist das?) zu sein, aber das Gefühl der tiefen Verbundenheit mit dem ewigen Wurzelgrund hat etwas Unerschütterliches erhalten. Und dieses Unerschütterliche entstammt nicht einer eigenen Willenanstrengung oder intellektueller Arbeit; es ist auch kein Verdienst, sondern hat den Charakter eines Geschenks, einer empfangenen Gabe.

Erweiterung

Eine wichtige Erweiterung meines abendländisch-christlichen Gesichtsfeldes ergab sich vor allem dadurch, dass ich Zen innerhalb eines buddhistischen Kontextes erlebt habe. Ich meine nicht so sehr die wissensmäßige Erweiterung, sondern die religiös-praktische und spirituelle, wie sie sich aus dem Erleben im japanischen Alltag ergab. Ganz besonders beeindruckt haben mich von Anfang an die vielen Verneigungen. Schon bei der Ankunft in Tokio erlebte ich, wie ein älterer Mann, der von einem Buskontrolleur eine Auskunft erhalten hatte, sich dreimal tief verneigte – und der Busangestellte in einigem Abstand die Verneigungen erwiderte. Wenn der Roshi den gemeinsamen Übungsraum, das Zendo, betrat, verneigte auch er sich erst einmal tief am Eingang zu allen

Anwesenden. Er reckte nicht den Nacken hoch und erhob die Rechte, um die sich verneigenden Gläubigen wie ein Bischof zu segnen, sondern verneigte sich seinerseits, ganz gesammelt, langsam, tief und andächtig. Am Strand habe ich auch gesehen, wie Studenten, die zum Surfen am Meer waren und sich dann verabschiedeten, um in getrennten Autos heimzufahren, sich erst einmal tief voreinander verneigt haben. Am Ende der Sommer-Badesaison trat sogar die Wasserwacht in Reih und Glied an den Rand des Meeres – und alle verneigten sich vor dem Meer. Man sagte mir, das geschehe aus Dankbarkeit für den Job, den sie machen durften, und dafür, dass das Meer niemanden verschlungen hatte. Dann liefen die jungen Leute zur Baracke, in der sie bekocht worden waren, und verneigten sich vor der Köchin und dem Küchenpersonal.

Später hat man mir erklärt, dass man durch die Verneigung im anderen Menschen die Buddhanatur ehrt, die Wesensnatur, die jeder in sich hat. Mich vor Menschen zu verneigen, ist mir nie schwer gefallen. Aber vor dem Meer, den Bergen, Blumen und Bäumen – das habe ich erst in Japan gelernt.

Bei Tempelbesuchen habe ich anfangs noch gezögert, mich vor der Buddha-Statue zu verneigen. Ich musste daran denken, dass es in der Antike den Christen verboten war, dem römischen Kaiser zu opfern und sich vor ihm niederzuwerfen. War ich jetzt im Begriff, etwas Ähnliches zu tun? Und das ohne Druck und Zwang! Oder sollte ich nicht doch vor dem, was anderen Menschen in gottnaher Weise verehrungswürdig erscheint, auch selbst Andacht und Ehrfurcht empfinden? Zumal ich ja gerade dabei war, die Zen-Praxis aus der Tradition zu lernen, die Shakyamuni Buddha einmal begründet hatte. Heute stehen auf meinem Hausaltärchen ein Kreuz und eine Buddhastatue nebeneinander, sehr friedlich. Hinter diesen beiden Figuren liegt allerdings etwas erhöht noch ein faustgroßer spitzer Stein, der wie eine Bergspitze nach oben zeigt. In ihm sehe ich den Hinweis, dass wir bei diesen beiden Figuren – wie überhaupt bei gegenständlichen Bildern – nicht stehen bleiben sollen. Zen drängt darauf, alles Gegenständliche hinter sich zu lassen und an Bildern nicht hängen zu bleiben.

Was die Lehre angeht, so gibt es sicher viele tief greifende Unterschiede zwischen Christentum und Buddhismus, etwa in der Gotteslehre, Schöpfungslehre und Erlösungslehre. Aber trotz der dogmatischen Differenzen gibt es im Bezug auf die von den beiden Religionsgründern empfohlene Lebenspraxis viele Gemeinsamkeiten. Beide haben das Ziel, die Menschheit vom Leid zu befreien und mit dem Absoluten – wie immer man es nennen mag – zu versöhnen. Beide sehen in der Egozentrik von Hass und Gier das Grundübel der Welt und in geschwisterlicher Liebe und Mitgefühl das Lebenselixier für eine friedvolle Zukunft der Menschheit. Ich kann daher gut verstehen und sehe kein Problem darin, wenn ein Jesuit und Zen-Meister[3] der Nachzeichnung seines Zen-Weges den Untertitel „Als Christ Buddhist" gibt. Ich kann mir die Reihenfolge auch umgekehrt vorstellen. Auch wenn ich in gewisser Hinsicht „buddhistisch" denke, bin ich doch wohl kein typischer Buddhist.

Von den philosophisch-weltanschaulichen Lehren des Buddhismus finde ich manches sehr einleuchtend. Zum Beispiel die unbeschränkte, durchgängige Geltung des Prinzips von Ursache und Wirkung. Das gilt im Buddhismus ja nicht nur für die materielle Welt, die von den Naturwissenschaften erforscht wird, sondern auch im geistigen Raum und in den höheren Bereichen des Universums, die unsere bisherigen Wissensmöglichkeiten überschreiten. Dazu gehört auch die Lehre vom wechselseitigen Zusammenwirken aller Dinge in allen Bereichen und manches mehr, was ich hier nicht aufzählen muss. Jedenfalls eine Erweiterung des Blicks auf die Zusammenhänge in dieser Welt, auch abgesehen von dem, was die eigentliche Zen-Erfahrung an Bewusstseinserweiterung ausmacht. Dafür kann ich nur dankbar sein.

Die wichtigste Hinterlassenschaft der beiden großen Religionsstifter aber ist für mich die Tatsache, dass sich in ihren Traditionen eine meditative Übungspraxis entfaltet hat, die große Ähnlichkeiten aufweist, in gewisser Hinsicht sogar Gemeinsamkeiten. Zen und Kontemplation bieten eine Methode an, die den Menschen zur Erfahrung der Einheit mit dem Absoluten hinführen und die Lebensgestaltung von dorther ermöglichen will. Zen und Kontemplation, Zen und christliche Mystik sind zutiefst miteinander verwandt.

Obwohl ich schon während des Studiums in den 50er Jahren viele Schriften von Teresa von Avila und Johannes vom Kreuz gelesen hatte, habe ich heute das Gefühl, damals so gut wie nichts verstanden zu haben. Die wahren Schätze der christlichen Mystik haben sich mir erst nach einigen Jahren strenger Zen-Praxis erschlossen. Heute schätze ich besonders Meister Eckart, Johannes Tauler und die „Wolke des Nicht-Wissens" (einschließlich des so genannten „Briefs" vom selben Autor). Früher hatte ich niemanden, der mir einen inneren Zugang dazu vermittelt hätte. Heute brauche ich niemanden mehr.

So glaube ich sagen zu können, dass ich durch Zen nicht nur die Bibel besser verstehen gelernt habe, sondern auch die christlichen Mystiker. Und zwar dadurch, dass mir der Erfahrungsgrund, aus dem die Texte und Bilder entstanden sind, nicht fremd ist. Insofern verdanke ich Zen eine wesentliche Erweiterung meines Gesichtskreises und meines Verständnisses auch innerhalb der christlich-abendländischen Tradition.

Schwerpunktverlagerung

Auch wenn ich die ganz persönlichen Erlebnisse und Erfahrungen hier aussparen will, kann ich versuchen, die Verlagerung meiner Interessen und meiner Grundeinstellungen in Umrissen zu skizzieren. Grob gesagt gab es eine Verlagerung des Schwerpunkts von der Theorie zur Praxis, vom Bücherlesen, Studieren und Denken zu einer größeren Offenheit für Erleben, Wahrnehmen und Erfahren. Es fing schon vor der Begegnung mit Zen an, als ich in der psychoanalytischen Phase auf die Frage kam, was ich denn mit den vielen Büchern, die mein Haus bis unters Dach füllten, vor meinem Tod noch anfangen wollte – und sollte. Bis dahin hatte ich jedes Jahr etwa den Gegenwert eines Mittelklassewagens in neue Bücher und Zeitschriften investiert. Bücher waren für mich nur dann ein brauchbares wissenschaftliches Handwerkszeug, wenn ich sie selbst besaß. In jedem Buch steckt ein Körnchen Weisheit, das ich vor meinem Tod entdecken wollte, und sei es wenigstens später einmal im Ruhestand. Aus Büchern war nicht nur die Geschichte des Glaubens zu rekonstruieren, sondern auch das zu eruieren, was heute für den Glauben gültig, notwendig und hilfreich ist. So war der Kopf voller Pläne und Forschungsvorhaben – bis zum Platzen.

Nach einer 13-wöchigen Augenkrankheit, die ich in abgedunkelten Räumen ausleiden musste, kam es zu einem doppelten Entschluss: Täglich nicht nur wie bisher nach alter Art (anhand von Bildern und Texten) zu meditieren, sondern „im Stil des Zen" zu sitzen, wie ich es inzwischen bei Graf Dürckheim in Rütte gelernt hatte, also eine Schwerpunktverlagerung von der gegenstandsbezogenen zur gegenstandsfreien Meditation. Außerdem hatte ich das Gefühl, mich von allen überflüssigen Büchern trennen zu müssen. So habe ich mich vor jedes Regal gestellt und mit allen Büchern Reihe für Reihe einen imaginativen Dialog geführt mit der Frage: „Haben wir noch etwas miteinander zu tun, bevor ich sterbe – ja oder nein?" Bei „nein" kam das Buch in den Wäschekorb. Das Aussortieren der in diesem Sinne „überflüssigen" Bücher dauerte fast ein Jahr. Alle paar Wochen kam ein Lieferwagen von einem Antiquariat und nahm die mit Büchern gefüllten Wäschekörbe mit. Dann stand ich hinter den Gardinen, schaute dem Auto nach und hatte mit Tränen zu kämpfen. Aber ich war mir sicher, dass ich das tun musste. Übrig blieb nur, was ich unbedingt für die Lehrtätigkeit an der Universität brauchte oder was mir persönlich wichtig war. So habe ich etwa 90 Prozent meines Bücherbestands aufgegeben. Zu gleicher Zeit habe ich einen der frei gewordenen Räume ausschließlich für Meditationsübungen reserviert und entsprechend eingerichtet. Heute merke ich, dass dieser Vorgang geradezu eine symbolische Darstellung meiner Schwerpunktverlagerung gewesen ist, von der Welt der Bücher und des Wissens in den Raum meditativer Praxis und Erfahrung. Vielleicht war dieser Schritt auch das Aufblühen eines Samenkorns aus den 30-tägigen Exerzitien des Heiligen Ignatius, die ich gegen Ende des Studiums mitgemacht hatte. Schreibt er doch in der Vorbemerkung seines Exerzitienbüchleins (nach der Übersetzung von Urs von Balthasar): „Nicht das Vielwissen sättigt die Seele und gibt ihr Genüge, sondern das Fühlen und Kosten der Dinge von innen." Dieser Satz ist in meiner Ausgabe der Exerzitien seit Jahrzehnten dick rot unterstrichen.

Im Jahr des Bücherverkaufs kam dann auch der Traum, der mich nach Japan geführt hat. Statt Urlaub im Süden und Teilnahme an allerlei Tagungen, Konferenzen und Vortragsveranstaltungen während der Semesterferien war ich dann in jeder freien Woche in Japan, um dort Zazen zu praktizieren und die Koanschulung bei Yamada Kôun Roshi zu durchlaufen. Die insgesamt 15 Japanreisen wirkten durch den Kulturwechsel, den ich oft auch als Kultur-Schock erlebt habe, wie ein Sieb, das die groben und fauligen Teile der zu verlassenden Kultur einbehielt und nur die ganz feinen und klaren Elemente zur Mitnahme durchließ. Oft kam mir das Jesus-Wort in den Sinn, wonach die Jünger „gesiebt" werden mussten. Ich erinnere mich, dass mir bei diesen Reisen immer wieder auch der Zen-Spruch durch den Sinn zog, dass es letztlich „nichts zum Festhalten" gibt. Die Körperbewegung von einem Ort zum anderen kann eine Hilfe beim Loslassen sein. Ich musste lernen, dass die einzig verlässliche Verankerung nur im jeweils gegenwärtigen Augenblick geschehen kann und gleichsam vertikal durchs eigene Innere realisiert werden muss.

Ohne auf die Zen-typischen Erfahrungen einzugehen, möchte ich zwei Erlebnisse erwähnen, die mir für mein Selbstverständnis als Christ wichtig sind.

Das eine geschah bald am Anfang, als es bei einem Sesshin mittags gegen 14 Uhr, also vor Beginn der nachmittäglichen Sitzrunden, eine Schale Tee und einen kleinen Keks gab. Ohne Gedanken, aber voll konzentriert auf das Geschehen im Augenblick, durchfuhr es mich wie ein Blitz: „Das ist doch dasselbe wie unsere Eucharistie – Gott gibt sich in sichtbarer Gestalt zur Nahrung für uns Menschen". Als ich das später einmal Pater Lassalle erzählte, meinte er kühl: „Das dürfen Sie aber nicht laut sagen." Heute denke ich: Es muss ab und an laut gesagt werden, damit Menschen, die eine ähnliche Erfahrung machen, sich trauen, das ernst zu nehmen. Sonst bleibt die Aufforderung, „Gott in allen Dingen zu sehen" nur ein schöner Sonntagsgedanke, der stirbt, wenn er nicht mehr gedacht wird. Ist nicht die ganze Erscheinungswelt im Grunde nichts anderes als die Manifestation des göttlichen Wesens? Und alles Leben Gottes Leben? Eben: Gott in allen Dingen und auch in allen Menschen! Da ist eine Verneigung nicht genug.

Pater Wilhelm Klein, unser Spiritual während der römischen Studienzeit, wusste das und glaubte das. Er wusste auch von meinen Japanreisen und meinem Zen-Weg. Als ich ihn in den letzten Jahren seines 106 Jahre langen Lebens einmal besuchte, kam es zu folgendem Dialog. Ich hatte ihm mein letztes Buch mitgebracht. Er schaute auf die Titelseite und las laut „Zum tieferen Sinn von Religion". Dann: „Peter, gibt es etwas außerhalb von Religion?" Ich: „Nein!" Er: „Recht so!" Und nach einer Weile: „Jetzt bist Du zu mir gekommen und wir wollen miteinander sprechen. Wenn ich spreche, hörst Du zu. Und wenn Du sprichst, setze ich mein Hörrohr ans Ohr und höre ich Dir zu! Stimmt das?“ Als ich etwas verdutzt aufschaute, antwortete er schnell selbst und sagte: „Nein! Es ist immer derselbe, der hört und spricht!“ – Das war absolut klar und schlug ein. Und ich bin sicher: Meister Eckhart und Johannes Tauler, Yamada Kôun Roshi und alle seine Vorgänger und Nachfolger könnten dem zustimmen. Heißt es nicht auch in den Upanishaden: „Geboren wird immer nur der Herr?“ Meinte Paulus etwas grundsätzlich anderes, wenn er davon sprach, dass nicht mehr er lebe, sondern Christus in ihm lebe? In der tiefsten Erfahrung sind sich alle Mystiker einig. Doch ohne Zen und die Zen-Erfahrung wäre diese Wahrheit wohl kaum zu einem unumstößlichen Element auch meines christlichen Selbstverständnisses geworden. In der Theologie und im populären Glaubensverständnis wird die hier beschriebene Wahrheit zwar nicht grundsätzlich geleugnet, aber irgendwie als peinlich angesehen und daher lieber ans Ende der Zeiten bzw. in die Ära nach allen Zeiten verschoben. Dann einmal, wenn Christus wiederkommen und das ganze Universum vereint dem Vater zu Füßen legen wird, auf dass Gott dann „alles in allem“ sei, wie es bei Paulus heißt. Mit dem Zen-Meister Hakuin möchte ich sagen: „Wie schade, dass die Menschen das Nahe nicht sehen und die Wahrheit in der Ferne suchen.“ Die persönliche Schwerpunktverlagerung hatte auch Konsequenzen für die Lehrtätigkeit an der Universität: Ökumenische Theologie musste die spirituelle Dimension (aus der die konfessionellen Spaltungen ja ihre Impulsivität bekommen hatten) mit in den Blick nehmen.

Dass diese Schwerpunktverlagerung dem Christentum irgendwo zum Nachteil gereichen würde, kann ich nicht sagen. Im Gegenteil: Zen wirkt, soweit ich im Kreis der Yamada-Schüler sehen kann, wie eine belebende Injektion auch für das Christliche.

[1] Peter Lengsfeld: Ökumenische Theologie. Ein Arbeitsbuch, Stuttgart 1980 und Peter Lengsfeld: Zum tieferen Sinn von Religion, Petersberg 1993, S. 13–27.

[2] Vgl. meinen Beitrag im Gedächtnisbuch für Kôun Roshi: „In Memoriam Kôun Yamada", Kamakura – Tokyo 1997, S. 45–47, mit dem Titel „Ein Traum erfüllt sich".

[3] Niklaus Brantschen: Auf dem Weg des Zen. Als Christ Buddhist, München 2002.

Gundula Meyer

geb. 1937, evangelische Pastorin im Ruhestand, Leiterin des Ohof-Zendo. Zen-Schulung unter dem japanischen Zen-Meister Yamada Kôun Roshi, Autorisierung zur Zen-Meisterin der Sanbô Kyôdan-Schule.

In Gott gibt es keine Sünde

Es folgen zwei Teisho (Ansprachen), die ich meinen Zen-SchülerInnen in Ohof vortrug, eines aus dem Jahr 1992, das andere zu Ostern 2004.[1] Beiden liegt ein Koan zu Grunde. Ein Koan kann eine Frage sein, ein Dialog zwischen Meister und SchülerIn, ein Gedicht oder ein Zitat aus einer heiligen Schrift, eine Episode aus dem Leben eines Meisters oder auch eine Fabel. Von der Wortwurzel her bedeutet Koan „der Ort, an dem die Wahrheit ist", und zwar sehr klar und einsichtig. Dass wir sie meist verwirrend finden, liegt an unseren Blockaden, Einseitigkeiten, unseren alten Mustern und Vorstellungen, die es zu durchdringen und abzulegen gilt.

1. Teisho: Denkoroku[2], Koan Nr. 30

Sozan, der Dritte Patriarch, kam zu Eka, dem Zweiten Patriarchen, und sagte: „Der Körper deines Schülers ist von verhängnisvoller Krankheit erfasst. Ich bitte Dich, Abt, tilge meine Sünden."

Eka antwortete: „Bring mir deine Sünden und ich will sie für dich tilgen."

Sozan saß eine Weile still und sagte dann: „Obwohl ich nach meinen Sünden suche, kann ich sie nicht finden."

Darauf Eka: „Dann habe ich deine Sünden bereits für dich getilgt. Lebe in Einklang mit Buddha, Dharma, Sangha."

In dieser Geschichte nähert Sozan sich Eka, als sei der ein Priester: „Tilge meine Sünden!" Eine durch und durch religiöse Sprache: *kyrie eleison* – Herr, erbarme dich meiner, vergib mir!

Eka aber geht nicht darauf ein. Er widersteht der Versuchung, in die Rolle des Priesters, Heilers, Retters, Erlösers oder Therapeuten gedrängt zu werden. Darum sagt er auch nicht: „Erzähl mir von deinen Sünden. Was sind das für Sünden?" Sondern: „Zeig' mir deine Sünden!"

Wohl wissend, dass es nichts zu zeigen gibt, wollte er, dass Sozan selbst erkennt ...

Mir hat dieses Koan erhebliche Beschwerden gemacht. Zunächst fielen mir alle meine Sünden ein, all das, worauf stolz zu sein, ich keinen Grund hatte. Das war gewiss kein Vergnügen. Als ich merkte, dass es darum gerade nicht ging, wurde der Druck noch größer: Meine christliche Erziehung holte mich ein.

Ich bin in einem Pfarrhaus groß geworden und darum auch mit so zentralen theologischen Konzepten wie „Sünde", „Schuld", „Strafe", „Vergebung". Kein Gottesdienst ohne *kyrie eleison* – Herr, erbarme dich. Kein Vaterunser ohne: Und vergib uns unsere Sünden.

Schon früh, noch vor dem Konfirmandenunterricht, lernte ich, dass es Sünden eigentlich nur im Singular gibt, nur die eine „große Sünde", und dass alle anderen Sünden nur die Konsequenz aus dieser einen großen Sünde sind, der Trennung und Entfremdung von Gott – der Ursünde, die jedem

Menschen zutiefst innewohnt. Am Anfang war die unendliche Entfernung von Gott. Wegen der Ursünde war die menschliche Seele verdorben. Und nur die Gnade Gottes kann vergeben und retten und heilen – kein Priester, keine Kirche und schon gar nicht ein buddhistischer Zen-Meister!

Und so war das Schlimmste gar nicht die Tatsache, dass ich den wesentlichen Punkt des Koan nicht sehen konnte, sondern die wachsende Überzeugung: Zen stimmt nicht, nicht für mich. Ich hätte mich nicht auf den Zen-Weg machen sollen, und jetzt muss ich ihn abbrechen – je schneller desto besser! Damit kam ich zum Dokusan (Zwiegespräch mit dem Meister). Yamada Kôun Roshi war ziemlich alarmiert, denn so kannte er mich nicht. Ich bin sicher, dass er kaum etwas von dem verstand, was ich sagte und ganz gewiss nicht die theologischen Implikationen. Sehr wohl aber sah er, dass ich festsaß und dass ich mich in einem Konzept verrannt hatte. Dass ich dabei war, das Handtuch zu werfen und dass ich sehr verzweifelt war. So sagte er: „But, Gundula, there is no sin in god" – nur das: „In Gott gibt es keine Sünde".

Nein, es war nicht so, dass ich damit plötzlich zum großen Erwachen gekommen wäre – das nicht. Aber bevor ich überhaupt begann, über das Gehörte zu reflektieren, wurde ich ruhig und still: Es ist in Ordnung, Zen ist auch in Ordnung. Ich konnte den Punkt nicht sehen, aber ich fasste wieder Vertrauen in meine Übung. Bis heute bin ich Yamada Kôun unendlich dankbar und bewundere seine Fähigkeit und sein Mitgefühl. Denn es veranlasste ihn dazu, mir so weit entgegenzukommen, dass er eine Sprache wählte, die nicht die seine war, von der er aber wusste, dass er mich damit treffen könnte. Ich bin sicher, er ist mir nur so weit entgegengekommen, weil er genau wusste, dass ich mich mit einer Antwort nicht zufrieden geben würde. Und so war's. Mir war klar, dass es nicht genügt, etwas gesagt zu bekommen, etwas zu glauben, sondern: Ich musste das Koan erkennen! Und so saß ich wieder mit dem Koan, auf dem Koan – aber nun mit den drei

Voraussetzungen, die man dafür braucht. Mit großem Glauben: Es ist gut, so wie es ist! Mit großem Zweifel: Warum kann ich es nicht sehen? Mit großer Beharrlichkeit: Ich werde nicht nachlassen, bis ich sehe!

Irgendwann war es so weit: In einem Sesshin im Zen-Zentrum von Pater Lassalle, in der letzten Nacht, draußen im Schnee – da erkannte ich, was das war: „in Gott". Und diese Worte fand ich dafür: „Nicht-Sünde – Nicht-Ich – Nicht-Gott" – das war die Wirklichkeit, die Yamada gemeint hatte, als er sagte: „in Gott". Mir wurde zur Gewissheit, dass es eine Letztwirklichkeit von Sünde nie gegeben hat. Empört erkannte ich, dass ich mir mein ganzes Leben „Sünde" hatte einreden lassen und mich damit sozusagen „ohne Seil hatte fesseln lassen". Seitdem habe ich nie wieder von „Ursünde" gesprochen, sondern höchstens von „Ursegen": „Alle sind gesegnet, zehntausendfach gesegnet."[3]

So hat mich dieses Koan von sehr unbequemen und unnötigen Begrenzungen und Konzepten befreit, von leblosen Traditionen und Konventionen, von „gitterigen Zwangsvorstellungen", – und dafür werde ich immer dankbar sein.

2. Teisho: Hekiganroku[4], Koan Nr. 55

Im Zen ist die Frage von Leben und Tod die Frage schlechthin. So steht über dem Eingang zum Eiheiji, dem Haupttempel der Soto-Schule: „Wem es nicht um die Frage von Leben und Tod geht, soll hier nicht eintreten."

Dogo ging zusammen mit Zengen in ein Haus, um Beileid auszudrücken. Da klopfte Zengen auf den Sarg und sagte: „Lebendig oder tot?" Dogo entgegnete: „Nicht lebendig, nicht tot." Zengen sagte: „Wie das?" Dogo sagte: „Ich sag es nicht. Ich sag es nicht."

Auf dem Heimweg sagte Zengen: „Bitte Meister, sagt es mir doch jetzt. Sonst schlag ich euch." Dogo sagte: „Wenn du mich schlagen willst – bitte schön. Aber sagen werde ich es nicht."

Nach einiger Zeit starb Dogo. Zengen kam zu Sekiso und erzählte ihm, was früher geschehen war. Sekiso sagte: „Ich sage nicht lebendig, ich sage nicht tot." Zengen sagte: „Warum nicht?" Sekiso entgegnete: „Ich sag es nicht. Ich sag es nicht." Bei diesen Worten kam Zengen zu einer ersten Erleuchtung.

Einige Zeit später kam Zengen mit einem Spaten in die Dharmahalle und ging von Ost nach West und von West nach Ost. Sekiso fragte: „Was machst du da?" Zengen antwortete: „Ich suche nach den heiligen Gebeinen unseres verstorbenen Meisters."

Sekiso sagte: „Die Wellen des großen Ozeans bilden weiße Schaumkronen, die bis zum Himmel aufsteigen. Nach was für Gebeinen des verstorbenen Meisters suchst du?" Zengen antwortete: „Das war sehr hilfreich."

Daigenfu sagte dazu: „Die heiligen Gebeine des verstorbenen Meisters sind noch immer da."

Dogo besucht also einen Bekannten, in dessen Haus jemand gestorben ist. Nach chinesischer Sitte sollen damals alle, die einen Beileidsbesuch machten, zwei Nägel in den Sarg geschlagen haben. Bei dieser Gelegenheit fragt Zengen: „Lebendig oder tot?"

Eigenartig: Da ist jemand gestorben und liegt im Sarg – und natürlich ist er tot. Das weiß jeder. Zengen aber spürt, dass das so nicht stimmt, dass das wenigstens fragwürdig ist. Aber was stimmt dann?! Was ist es um Leben und Tod? Keine Gelegenheit lässt dieser Zen-Schüler Zengen aus, um die Frage zu klären.

Dogo: „Nicht tot, nicht lebendig." Zengen: „Wie das?" Dogo: „Ich sag es nicht. Ich sag es nicht." Ich sehe keine Möglichkeit, dir zu antworten. Die Frage stimmt nicht – die Gegensätzlichkeit, das Entweder-Oder stimmt nicht.

Derzeit wird viel über das Sterben gesprochen im Zusammenhang mit aktiver Sterbehilfe – über gutes Sterben, angemessenes Sterben, organisiertes Sterben. Wir reden vom Sterben, aber wir schweigen vom Tod. Im Osten ist man uns da weit voraus – und das, obwohl wir in einer Kultur leben, die sich christlich nennt und sehr wohl weiß, dass Tod und Leben nicht wirklich getrennt werden können: „Im Tod ist das Leben!" – aber solche Sätze bleiben merkwürdig leblos und schal – reine Überzeugung, kaum Erfahrung! Das aber reicht nicht – es geht um echte Erfahrung. Deswegen sagt Dogo: „Ich sag es nicht ...". Er sagt nicht: „Ich will nicht, du musst es selbst entdecken!", sondern: „Ich kann es nicht sagen. Die Wirklichkeit, die sich in Leben und Tod zeigt, kann nicht in Worte gefasst werden".

Dogo stirbt und Zengen kommt zu Sekiso: Der Tod des Meisters hat die alte Frage wieder aufleben lassen – vielleicht noch dringender, noch entschlossener. Bitte würdigen Sie dies: gleiche Frage – gleiche Antwort. Aber jetzt bewirkt die bekannte Antwort das Aufbrechen des Unbekannten – schwach und unklar noch, aber doch stark genug, um weiterzufragen. Und so sehen wir Zengen jetzt mit dem Spaten in der Hand im Zendo auf- und abgehen. Jetzt will er es ganz wissen: „Ich suche nach den heiligen Gebeinen unseres verstorbenen Meisters."

Man spürt, das ist die gleiche Frage, aber jetzt freier, offener, witziger, wagemutiger, fantasievoller: Wo sind die verehrungswürdigen Gebeine des toten Meisters? Wo ist der Tote? Und jetzt kann Sekiso ihn erreichen: „Die Wellen des großen Ozeans bilden weiße Schaumkronen, die bis zum Himmel aufsteigen. Nach was für Gebeinen des verstorbenen Meisters suchst du?"

An dieser Stelle ein Blick auf den Auferstehungsbericht des Matthäus:

Spät nach dem Sabbat aber, im Aufleuchten des ersten Wochentages, kam Maria von Magdala und die andere Maria, um die Grabstätte zu betrachten. Und da, ein Beben geschah, ein großes, denn: ein Engel des Herrn stieg aus dem Himmel hernieder, wälzte den Stein weg und setzte sich darauf. Es war aber sein Aussehen hell wie ein Blitz und sein Gewand weiß wie Schnee. Aus Furcht aber vor ihm erbebten die Wächter und wurden wie Tote. Als Antwort aber hat der Engel den Frauen gesagt: „Fürchtet euch nicht. Ich weiß ja: Jesus den Gekreuzigten sucht ihr. Er ist nicht hier; denn: auferweckt ward er, wie er gesagt hat. Kommt her, seht den Ort, wo er gelegen. Drum schnell, geht, sagt seinen Jüngern: auferweckt ist er von den Toten, und da: voraus geht er euch nach Galiläa, dort werdet ihr ihn sehen. Da, ich habe es euch gesagt." Und sie gingen fort, schnell, weg vom Grab, in Furcht und großer Freude. Ja, sie liefen, es zu vermelden seinen Jüngern.

Und da, Jesus kam ihnen entgegen und sprach: „Seid gegrüßt." Die aber traten heran, ergriffen seine Füße und warfen sich vor ihm nieder. Da sagte ihnen Jesus: „Fürchtet euch nicht. Geht, vermeldet meinen Brüdern, dass sie weggehen nach Galiläa; und dort – mich werden sie sehen" (Matthäus 28, in der Übersetzung von Eugen Drewermann).

Hier sind es also Frauen, die nach den „heiligen Gebeinen des verstorbenen Meisters" suchen und so sind sie die ersten, denen das Neue sich zeigt – nicht die Hüter. Die Hüter „wurden wie Tote". Die Hüter – das sind wir, wenn wir keine Möglichkeit mehr sehen und auch mit keiner rechnen, wenn wir nichts erwarten, wenn wir, stumpf geworden, nichts mehr wahrnehmen und von nichts mehr betroffen sind, wenn wir keine Fragen haben und nur schauen, dass wir einigermaßen zurechtkommen.

Aber die Frauen – nicht das weibliche Geschlecht, sondern wenn wir wie diese Frauen sind, die durch einen großen Schmerz gingen und die dadurch nicht stumpf, sondern wach und empfänglich wurden. Wir wachen nur auf, wenn wir uns wirklich treffen und verwunden lassen. Wer will schon aufwachen, wenn alles einfach, bequem und problemlos ist?!

Aber wenn jemand stirbt, der Freund, der Lehrer; wenn uns jemand verlässt, der uns wichtig war; wenn wir total einsam sind – das sind die Gelegenheiten, aufzuwachen und weiterzugehen.

So suchen diese Frauen, obwohl alles zu Ende zu sein scheint. Zwar suchen sie da, wo nichts zu finden ist, denn sie sind noch gefangen in dem Alten, Abgestorbenen und suchen daher nur das, was noch übrig ist wie Zen-Schüler Zengen. Aber sie werden deswegen nicht getadelt, im Gegenteil: Sie werden aufgefordert, sich den Ort, wo sie suchen, genau anzuschauen. Damit sie erkennen: Solange sie *etwas* suchen, etwas Bekanntes – solange finden sie nichts. Und selbst wenn das Turiner Grabtuch echt wäre – es gehörte zu dem Ort, wo das, worum es geht, nicht zu finden ist. Solange wir fixiert sind auf einen Ort oder eine Tradition, einen Glauben, eine Religion – und alle anderen als unmöglich ausschließen –, finden wir nicht. Das, worum es geht, ist nicht *dies* im Unterschied zu *jenem* und nicht *hier* im Unterschied zu *dort:* „Die Wellen des großen Ozeans bilden weiße Schaumkronen, die bis zum Himmel aufsteigen. Nach was für Gebeinen des verstorbenen Meisters suchst du?"

Und dann begegnet ihnen der Auferstandene selbst. Wir wissen aus anderen Berichten, dass sie ihn zunächst nicht erkannten: „Ihre Augen wurden noch gehalten, dass sie ihn nicht sahen ..."

Aber dann – „sie fielen vor ihm nieder" – totales Loslassen des Ich und alles Bekannten und aller alten Muster und statt dessen Sich-Öffnen für das Unerhörte.

Der auferstandene Christus wird kaum je dargestellt – wenn überhaupt, dann auf Altären (z. B. auf einem Barockaltar hoch oben unter dem Gewölbe, wohin kaum je einer schaut, als jugendlicher Held mit Fahne und Lorbeerkranz oder in einem kosmischen Glorienschein wie etwa auf dem Isenheimer Altar). An Wänden aber hängt das Kruzifix. Solange die Auferstehung Christi theologisch als ein einmaliges Ereignis in der Geschichte verstanden wurde, von kosmischer

Weite und unwiederholbar, so lange konnte der Auferstandene so abgehoben dargestellt werden. Aber Theologie wandelt sich. Wenn man einige Worte des Neuen Testament mitbedenkt, geht es auch einfacher, menschlicher. Worte, die mir einfallen: „Ich lebe, und ihr sollt auch leben" (Johannes 13,19), „Ihr werdet noch größeres vollbringen als ich" (Johannes 14,12), „In ihm wohnt die ganze Fülle der Gottheit leibhaftig, und ihr seid vollkommen in ihm" (dem Wesen nach!) (Kolosserbrief 2,9f.), „Seid ihr aber mit Christus auferstanden, so sucht, was droben ist, wo Christus ist" (Kolosserbrief 3,1).

Mir ist eine Darstellung des Auferweckten/Erwachten in die Hände gefallen, ich möchte versuchen, diese zauberhafte Darstellung zu beschreiben:

Ein stehender Buddha, der rechte Arm ist angewinkelt, weist mit der Handfläche nach vorn und mit den Fingerspitzen nach oben – die Geste der Ermunterung zur Furchtlosigkeit: „Fürchtet euch nicht!" Der linke Arm ist ebenfalls angewinkelt, weist mit der Handfläche ebenfalls nach vorn und mit den Fingerspitzen nach unten – die Geste der Gunstgewährung: „Friede sei mit euch!"

Dieser Buddha ist nicht versunken, sondern zugewandt, mit einem entwaffnendem Lächeln und uneingeschränktem Wohlwollen – ein Gesicht, das niemandem Angst macht, vor dessen Verurteilung man sich nicht verstecken muss. Ein von allen Fesseln Befreiter, ein aus allen alten Mustern Erwachter.

Drei bemerkenswerte, wunderbare Versuche also, das Unsagbare zum Ausdruck zu bringen:

Die Wellen des großen Ozeans bilden weiße Schaumkronen, die bis zum Himmel aufsteigen. Nach was für Gebeinen des verstorbenen Meisters suchst du? Nichts bleibt draußen vor, alles – jeder Augenblick, jede Zelle – erfüllt von Weite.

Ich weiß ja: Jesus den Gekreuzigten sucht ihr, den Toten. Er ist nicht hier. Nach was für Gebeinen welchen verstorbenen Meisters sucht ihr? Leben kann nicht sterben.

Die Buddhagestalt aus dem alten China: *In diesem Augenblick – was mangelt dir?* (aus dem Lobgesang des Zen-Meisters Hakuin).

Das ist unsere Wirklichkeit. Die wahre Natur unseres Geistes ist völlige Klarheit, umfassende Weisheit und grenzenloses Wohlwollen. Es gilt, diese Wirklichkeit zu erleben und – sie zu leben: Immer wenn wir über uns hinauswachsen, lebt sie in uns auf. Immer wenn ich etwas intuitiv erfasse, zeigt sich die umfassende Weisheit. Immer wenn – statt Aggression und Ablehnung – Wohlwollen in mir aufkeimt, keimt diese Wirklichkeit auf. Diese Wirklichkeit zu leben, ist oft ganz unspektakulär, aber sehr beglückend. Wo geschieht das? Der Engel sagt: „in Galiläa". Da sollen die Jünger hingehen. Da sind sie zu Hause. Da liegen ihre Boote und die Netze, da ist ihr Alltag. Da ist der Ort der Fülle. Die simplen Situationen des Alltags. Der Marktplatz.

Zeiten des Rückzugs sind wichtig, um die Richtung wieder zu finden und die Ausrichtung und Aufrichtung, und um nicht abzustumpfen wie die Wächter, und einzuschlafen und einfach so weiterzumachen. Aber der Durchbruch in die Welt der Fülle kommt plötzlich und unterwegs. Es ist ein plötzliches Zulassen-Können dieser Wirklichkeit, die schon immer unsere Wirklichkeit ist. Oder in Anlehnung an ein Gebet der Zisterzienser aus dem 12. Jahrhundert:

So also lass das Erwachen in dir wachsen, dass es in dir werde ein Lächeln,
ein Frohlocken und eine Freude ohnegleichen, die niemand dir mehr nehmen kann.

---

1 Ich danke Gesa und Klaus Vollmer für die kritische Durchsicht der Teisho zur Veröffentlichung.

2 Denkoroku (Koansammlung), 30. Koan.

3 Mumonkan (Koansammlung), Vers zum 35. Koan.

4 Hekiganroku (Koansammlung), 55. Koan.

Karl Obermayer

geb. 1939 in Wien, katholischer Priester, tätig als Pfarrer in Wien, Buchautor zum Thema Zen-Spiritualität; Zen-Übung unter Pater Lassalle SJ, 1973 von ihm zur Lehrtätigkeit ermutigt, ab 1976 Schüler des japanischen Zen-Meisters Professor Nagaya, 1986 von ihm zur Weiterführung seiner Zen-Linie beauftragt, 1996 bestätigt von dem französischen Zen-Meister Dr. Claude Durix.

Gegenwärtig sein dem unendlich Gegenwärtigen

Biografische Notizen

Das Thema des Buchs führt mich auf die Spur meines Lebens. Ich bin in einem christlichen Milieu aufgewachsen und war schon nach der Erstkommunion Ministrant. Schon früh ist der Gedanke aufgetaucht, Priester zu werden. Ich besuchte das von Benediktinern geführte Schottengymnasium in Wien und war dort bis zum Stimmbruch im Internat der Sängerknaben. Als Jugendlicher war ich in meiner Heimatpfarrei in der Kinder- und Jugendarbeit sehr engagiert und ging sofort nach der Matura ins Priesterseminar. In dieser Zeit organisierte ich weiterhin Veranstaltungen und Ferienlager für meine Pfarrei, und eigentlich war die Freude an der seelsorglichen Tätigkeit das entscheidende Motiv für meine Berufswahl. Der Glaube war für mich eine Selbstverständlichkeit und wurde nie ernsthaft hinterfragt. Das Theologiestudium habe ich ohne größere innere Anteilnahme absolviert. Aus heutiger Sicht blieb alles mehr im verstandesmäßigen Erfassen stecken. Auch die „religiösen Pflichtübungen" im Priesterseminar haben mich innerlich nicht großartig bewegt.

Als junger Kaplan stürzte ich mich voll Eifer in die Arbeit mit Kindern und Jugendlichen, hatte dazu 27 Wochenstunden Religionsunterricht in Pflichtschulen und war noch Kurat bei den Pfadfindern. Alles machte mir Freude und es zeigte sich auch jeweils der Erfolg. Neben Spiel und Sport war es mir durchaus ein wichtiges Anliegen, den Jugendlichen religiöses Wissen zu vermitteln, die Kenntnis der Bibel zu vertiefen und mit ihnen ansprechende Gottesdienste zu gestalten. Emotional war ich durch das Vertrauen der Menschen und durch das Erlebnis von Gemeinschaft bewegt, das „Religiöse" war mehr oder minder nur der Rahmen meiner Tätigkeit. Nach zwei Kaplansjahren besuchte ich einen Cursillo, einen Kurs zur Glaubenserneuerung, weil mich ein Freund dazu eingeladen hatte. Obwohl mir die Methode nicht zusagte – ich empfand sie als zu sehr manipulierend –, entdeckte ich dabei, dass ich hauptsächlich nach außen gerichtet war und mein Innenleben völlig vernachlässigt blieb. In der Folge beschäftigte ich mich mit Autogenem Training und besuchte gruppendynamische Kurse, wobei mich die Methode der Themenzentrierten Interaktion von Ruth Cohn sehr ansprach. In der Auswahl meiner Lektüre kam ich über Klemens Tilmann, der – von Zen inspiriert – inhaltliche Meditationen anregte, schließlich zu Pater Lassalle. In Wien hielt er auf Einladung der philosophischen Fakultät eine dreitägige Vorlesung über „Zen und christliche Mystik" und an den Abenden eine praktische Einführung in die Zen-Meditation. Am zweiten Abend wusste ich bereits: Das ist es, was ich die ganze Zeit gesucht habe. Kurz vorher ist sein erstes Buch „Zen – Weg zur Erleuchtung" erschienen, für das ihm Kardinal König die kirchliche Druckerlaubnis (Imprimatur) gab. Die beiden kannten sich vom Zweiten Vatikanischen Konzil in den 60er Jahren, wo auch Pater Lassalle als Theologe teilnahm.

Ich ließ mich also auf diese Praxis ein, besuchte Seminare bei ihm und Willi Massa, damals Pater der Steyler Missionare, was natürlich in meiner Pfarrei durch häufige Abwesenheit auffiel. Es begannen sich einige meiner MitarbeiterInnen und JugendleiterInnen dafür zu interessieren und ich fragte Pater Lassalle, ob er nicht einmal ein richtiges Sesshin[1] auch in Wien halten könnte. Er sagte grundsätzlich zu und ermunterte mich, Interessierte zunächst einmal einzuführen. So begann meine eigene Lehrtätigkeit und drei Jahre später fand 1976 das erste Sesshin in Wien statt. Pater Lassalle, der damals noch nicht jedes Jahr in Europa war, empfahl mir den japanischen Zen-Meister Professor Nagaya, der mich in den nächsten zehn Jahren besonders geprägt hat. Auch mit anderen Meistern kam ich in Kontakt, habe Sesshin bei ihnen besucht und sie nach Wien eingeladen.

Meinen großen Dank möchte ich hier Kardinal König aussprechen, der diese meine Tätigkeit neben der Pfarrseelsorge sehr gefördert hat. So bin ich nach wie vor als Pfarrer einer Wiener Großstadtgemeinde tätig, obwohl meine „Zen-Gemeinde" vor allem durch Mundpropaganda enorm gewachsen ist.

Was sich in meinem christlichen Selbstverständnis geändert hat

Wie schon angedeutet, habe ich eigentlich erst durch Zen einen Weg der inneren Erfahrung beschritten. Natürlich habe ich gewusst, dass es christliche Mystiker und Mystikerinnen gegeben hat, und vielleicht hätte ich auch einige in Erinnerung an mein Studium der Kirchengeschichte aufzählen können, aber mit ihnen befasst hatte ich mich bislang nie. Durch Pater Lassalle erstmals darauf gestoßen, habe ich mich nicht wenig gewundert, wie Professor Nagaya Meister Eckhart zitierte, ohne selbst Christ zu sein.

Was ich auch sehr bald entdeckte, war die Bedeutung der Leiblichkeit. Die bestimmte Körperhaltung bei der Zen-Meditation, die Aufmerksamkeit auf den Atem und die geistige Verfassung bilden eine Einheit. Der Mensch wird dort mehr als in unserer Tradition in seiner Ganzheit gesehen, wie es ja auch dem biblischen Denken entspricht. Positiv erlebte ich durch diese Übung eine bedeutend größere Sammlung bei den Gottesdiensten und im Gebet. Texte der Bibel, insbesondere die Psalmen, erlangten plötzlich eine andere Leuchtkraft. Ich spürte immer mehr, wie sehr sie Ausdruck einer religiösen Erfahrung sind und solange man selber eine solche Erfahrung nicht gemacht hat, kommt auch kaum etwas ins Mitschwingen.

Schon aus meiner Studienzeit brachte ich philosophischem und theologischem Denken eine gewisse Skepsis entgegen. So hatte ich mich gewundert, was Theologen alles über das Innenleben Gottes herausgefunden haben, als wir Vorlesungen „Über den einen Gott" in einem Semester und „Über den dreifaltigen Gott" im anderen Semester gehört hatten. Allerdings war dies noch vor dem Zweiten Vatikanischen Konzil, als neuere Theologen bei uns noch keine Beachtung fanden. Der Buddhismus behauptet, eine Religion ohne Dogmen zu sein. Ich könnte aber eine ganze Reihe „buddhistischer Glaubenssätze" aufzählen, auch wenn diese nicht als Dogmen bezeichnet werden. Darüber hinaus unterscheiden sich die verschiedenen Richtungen stark voneinander. Für mich bleibt es hier wie dort menschliches Denken, das versucht, die Betrachtung der Welt und das Leben der Menschen in ein System zu bringen. Es gab für mich also nie auch nur einen kurzen Gedanken daran, die Religionszugehörigkeit zu ändern.

Was mich aber fasziniert hat, ist die religiöse Praxis, wenn Menschen mit großer Hingabe ihren Glauben leben – und das ist wiederum von der Konfession unabhängig. Dazu fällt mir immer ein Wort von Hermann Hesse ein: „Es gibt keine Religion, in der man nicht ein Heiliger werden könnte, und keine, die man nicht als dümmsten Götzendienst betreiben kann." Was ich an Professor Nagaya so bewunderte, war seine Ehrfurcht, die er allen religiösen Orten und Dingen gegenüber zeigte. Er betrat eine Kirche nie wie ein Tourist, sondern mit gebührender Andacht und hatte ein feines Gespür für Echtheit. So war er von der Feier einer Messe in den Katakomben Roms, die ein alter Priester in sehr schlichter Form hielt, tief beeindruckt, obwohl er kein Wort verstand. Bei diesem Rombesuch wollte er unbedingt zum Grab von Johannes XXIII., dessen Tagebuch er gelesen hatte und aus dem er einige Sätze immer wieder frei zitierte. Nach dem Besuch sagte er: „Ein wahrer Zen-Meister!" Bei der Heiligen Treppe erklärte ich ihm, dass Jesus über diese Stiege zum Haus des Pilatus hinaufgegangen sei und oben die Marterwerkzeuge der Kreuzigung gezeigt würden, dass man aber an der Echtheit dieser Tradition zweifeln könne. Sein Kommentar: „Echt oder nicht, ist egal, wenn der Glaube echt ist, dann ist es gut. Selbst Aberglaube ist besser als gar kein Glaube." – Als er mich einmal um ein dickes Buch bat, mit dem er Papier beschweren wollte, um darauf eine Kalligraphie zu schreiben, reichte ich ihm die Bibel, weil sie mir gerade als dick genug in meinem Bücherregal ins Auge fiel. Er sah sich das Buch genau an und gab es mir zurück: „Das ist ein heiliges Buch, das nehme ich nicht für diesen Zweck!" Es ist mir also durch den Zen-Weg und vor allem durch das Beispiel von Professor Nagaya immer deutlicher geworden, dass nicht eine praxisferne Glaubenslehre, sondern der menschliche Akt, die religiöse Praxis und das auf sie verweisende Verständnis von Bedeutung sind. Außerdem finden sich in den Texten so viele Parallelen, besonders zwischen den christlichen Mystikern und traditionellen Zen-Schriften, dass ich nur denken kann: Hier haben Menschen in ihrer spirituellen Suche gleiche Erfahrungen gemacht, die sie in ihrer Weise auszudrücken versuchten, immer aber auch in dem Bewusstsein, dass das Eigentliche nicht aussagbar ist.

Der abstrakte Absolutheitsanspruch, den man mit dem Christentum wie auch mit dem Islam verbindet, stößt auf Unverständnis. In Japan gibt es keine Religionszugehörigkeit in unserem Sinn, man heiratet shintoistisch, Begräbniszeremonien werden von Buddhisten gehalten. Als sich einmal ein Minister zum Christentum bekehrte und, weil er eben jetzt Christ geworden war, an einer shintoistischen Feier für die Gefallenen der Kriege nicht teilnahm, wurde das in den Zeitungen heftig kritisiert. Nagaya fragte mich, ob es denn im Christentum verboten sei, für Verstorbene zu beten.

So musste ich mir manchmal den Vorwurf eines gewissen Relativismus gefallen lassen, und es hat auch einmal eine kurze Zeit gegeben, wo ich selber etwas unsicher wurde, wohin ich nun gehöre. In einer Diskussion darauf angesprochen antwortete ich halb ernst, halb im Spaß so: „Ganz sicher bin ich kein Buddhist, ob ich aber noch als Christ gelten darf, weiß ich nicht mehr so genau." Andererseits habe ich immer wieder neu großartige Schätze in unserer christlichen Tradition entdeckt und hatte auch das Glück, dass keiner von den buddhistischen Zen-Meistern, denen ich begegnet bin, mich von meinem christlichen Glauben abbringen wollte. Claude Durix, ein französischer Zen-Meister und bewusster Christ, der, solange er als Augenchirurg in Marokko tätig war, eine sehr „ökumenische" Zen-Gemeinde (Christen, Juden, Moslems, Buddhisten, Agnostiker) betreute, sagte immer: „Schneiden Sie nicht Ihre Wurzeln ab."

Ein weiteres schier unlösbares Problem ist die Gottesfrage. Sie wird in jeder Diskussion angesprochen, weil ja in den östlichen Religionen nicht von einem persönlichen Gott, wie wir ihn denken, die Rede ist. Ich will hier diese Diskussion nicht aufrollen, sondern versuchen, den Veränderungen meines Gottesbildes nachzuspüren. Gerade diese Veränderungen sind sehr langsam und fast unbemerkt vor sich gegangen. Mit einer allzu menschlich-anthropomorphen Gottesvorstellung hatte ich schon lange vor dem Zen aufgeräumt. Mein Zugang zum Mysterium Gottes war vor allem über Jesus, und das ist bis heute so geblieben. Mit dem Bild des „Vaters" konnte ich wenig anfangen, vielleicht auch, weil ich durch die Kriegsjahre bedingt praktisch ohne Vaterbeziehung aufgewachsen bin. Neu und spannend ist für mich aber, dass Gott immer mehr als Heiliger Geist in meinem Bewusstsein lebendig geworden ist: der Geist, der das All erfüllt, der Leben spendet, der in uns wohnt. „In ihm leben wir, bewegen wir uns und sind wir", sagt Paulus. Viele Worte der Schrift und der Mystiker bringen bei mir etwas zum Mitschwingen. Ich finde darin einen Zugang zu Ausdrücken des Göttlichen, wie sie auch in zen-buddhistischen Texten zu finden sind: das Absolute, das Ungeborene, die Buddhanatur, die allen Wesen inne ist. Geist ist eben ohne Gestalt, nicht in materiellen Begriffen aussagbar und daher zu der bildlosen Meditation im Zen am besten passend. Immer noch stolpert man über den Begriff „persönlich". Da hat mir ein Text des vor kurzem verstorbenen evangelischen Theologen Heinz Zahrnt eine gute Erklärung gebracht. Er räumt radikal mit einer naiven anthropomorphen Gottesvorstellung auf und spricht von dem, der „alles in allem" ist. Weil ich aber persönlich angesprochen und davon betroffen bin, ist das Göttliche „persönlich".

Ich bin erfüllt von einer großen Ehrfurcht vor dieser letzten Seinswirklichkeit, die wir Gott nennen, fühle mich in ihr geborgen, lasse aber das Mysterium als solches bestehen, weil es für unseren Verstand unergründbar bleibt. Schwierigkeiten habe ich im Gespräch mit Menschen, die von Gott so reden, als wäre er der „Kumpel von nebenan", den man für seine Interessen gewinnen und mit dem man es sich richten kann. Noch dazu halten sie sich oft wegen dieses vertrauten Umgangs mit „Ihm" für besonders fromm. Schwierig ist es auch mit Leuten, die von einem eher fundamentalistischen

Denken geprägt sind. Die gibt es nicht nur im Islam und im Christentum, sondern auch unter Buddhisten. Letztere sehen es zuweilen als einen Frevel an, wenn man, ohne Buddhist zu sein, Zen praktiziert.

Verändert hat sich in all den Jahren mein Gebetsleben. Der Gebrauch von Gebetsformeln ist im persönlichen Beten ganz verschwunden und immer mehr sind überhaupt Worte überflüssig geworden. Es genügt mir ein Zustand wie ihn Michel Quoist in einem Gebet beschreibt: „Gegenwärtig sein dem unendlich Gegenwärtigen". Neben meiner Kurstätigkeit, bei der ich mit den Teilnehmern viele Stunden mit Zen zubringe, möchte ich auch die tägliche Zen-Meditation für mich privat nicht missen. Sie ist einfach meine vorrangige spirituelle Praxis geworden. Im liturgischen Gebet stelle ich gegenüber früher mehr Aufmerksamkeit und Präsenz fest. Allerdings stolpere ich auch immer wieder über Formulierungen, mit denen ich mich nicht mehr identifizieren kann. Mit manchen Dingen konnte ich mich im Laufe der Zeit wieder aussöhnen, wenn ich versuchte, sie als Ausdruck einer bestimmten Zeit oder mehr von ihrem Symbolcharakter her zu verstehen. Völlig aufgehört hat das Bedürfnis, im Gebet um etwas Konkretes zu bitten. Es geht mir einfach nur darum, mich für den Gebenden und seinen Willen zu öffnen. Ich bin so davon überzeugt, dass alles, wie es mir eben zukommt, gut ist, auch wenn ich mir manches im Moment anders wünschen würde. Wenn andere mich bitten, ihre Anliegen in mein Gebet einzuschließen, tue ich es gerne, weil ich denke, alleine die Anteilnahme und das Mittragen ihrer Sorgen kann ihnen schon eine Hilfe sein.

Bei meinen Sesshin feiere ich täglich die Messe in einer sehr schlichten Form, wie ich es auch bei Pater Lassalle kennen gelernt habe. Ich verwende meist die Tagestexte oder wähle Bibelstellen aus, die gerade zum Thema meines Vortrages vom Vormittag passen. Die Messe ist als ein Angebot gedacht und niemand soll sich gedrängt fühlen, daran teilzunehmen. Dennoch kommen viele, auch Nichtkatholiken, oder solche, die sonst kaum eine Messe besuchen. Immer wieder höre ich, dass so mancher von dieser Feier sehr berührt wird. Auch Nagaya hat darauf Wert gelegt, dass ich bei seinen Sesshin die tägliche Messfeier anbiete, und sich entschuldigt, dass er wegen seines hohen Alters nicht teilnimmt, sondern die Zeit zum Ausruhen nützt. Ich sehe meine Tätigkeit als Zen-Lehrer auch als eine pastorale Aufgabe. Viele benützen die Aussprachemöglichkeiten, die ich anbiete, nicht nur für Fragen zur Zen-Übung, sondern kommen auch mit Lebens- und Glaubensproblemen. Manchmal ergeben sich dabei wahre Beichtgespräche. Dabei sind es oft Menschen, die lange Zeit in großer Distanz zu kirchlichen Dingen gestanden haben. Oft werde ich um eine Taufe, eine Trauung oder auch um ein Begräbnis Angehöriger gebeten. Für viele bin ich der einzige Priester, zu dem sie überhaupt einmal einen Kontakt gefunden haben. In den Vorbereitungsgesprächen und bei der Feier dieser Zeremonien tue ich mich bei Leuten mit Zen-Erfahrung viel leichter als mit Menschen, denen es mehr um die Pflege religiösen Brauchtums geht.

Was sich in meiner Berufsausübung geändert hat

Ich bin all die Jahre meiner Aufgabe als Pfarrer treu geblieben. Die Versuchung war groß, als mich Pater Lassalle 1981 einlud, für ein Jahr zu seinem Zen-Meister nach Japan zu gehen. Es wäre gut, von diesem dann als Zen-Lehrer autorisiert zu werden. Pater Lassalle hätte sich sogar bei Kardinal König für meine Freistellung eingesetzt. Ich zögerte, weil ich erst seit zwei Jahren diese Pfarrei betreute und bat Professor Nagaya um seinen Rat. Seine kurze Antwort war: „Ihr Platz ist hier!“ Auf meine Frage nach der „Autorisierung“ meinte er nur: „Sie haben einen Auftrag Ihres Bischofs, Menschen auf ihrem Lebensweg zu begleiten. Wenn Sie erkannt haben, dass Zen ein guter Weg ist, dann genügt das." So blieb ich also hier.

Bei Pastoralkonferenzen oder Priesterzusammenkünften habe ich häufig das Gefühl, auf dem falschen Dampfer zu sein. Es wird gejammert über den Rückgang der Kirchenbesucher, über den Schwund des kirchlichen Einflusses in der Öffentlichkeit, über den Mangel an religiösem Wissen usw. Man macht sich Gedanken, welche Aktionen man starten müsse, welche Form der Werbung man auf dem Postweg und im Medienmarkt verfolgen solle, wie man den „verlorenen Schafen" nachgehen könne. Man beklagt sich über den Esoterikboom und darüber, dass sich Suchende ihre Religion aus verschiedenen Elementen zusammenbasteln, statt sich der „allein selig machenden" Kirche wieder voll zuzuwenden. Ich habe es leider schon aufgegeben, davon zu sprechen, dass wir unser Angebot und unseren Stil überdenken sollten, weil ich hierfür kein offenes Ohr finde. Wenn ich noch dazu erwähne, dass ich jede Woche an zwei Abenden zwischen 30 und 40 Leute aus halb Wien und Umgebung beim „Sitzen" habe, dass meine Sesshin, wo in manchen Häusern bis zu 50 Teilnehmer unterkommen können, oft schon Monate vorher ausgebucht sind, dass Leute über diesen Weg auch wieder zur Kirche finden und ich womöglich noch auf die Taufe einer Erwachsenen hinweise, dann ernte ich Staunen bis Ablehnung. – Zen ist halt auch so eine „Modeerscheinung"! Ich denke aber, dass sich eine Mode wohl nicht über 30 Jahre so konstant hält.

Diözesan setzt man im Moment hauptsächlich auf Öffentlichkeitsarbeit und Großveranstaltungen. Kirche muss wieder ins Gespräch kommen, muss in den Medien präsent sein, wobei vor allem dem Fernsehen eine wichtige Rolle zukommt. Es gibt dreimal jährlich eine Jugendmesse, bei der alles aufgeboten wird, was heute an Licht- und Musikeffekten möglich ist. Man ist glücklich, wenn dort über 1000 Jugendliche zusammenkommen. Auch für die Erwachsenen werden entsprechende Events angeboten. Ich will das alles nicht kritisieren, will auch nicht ausschließen, dass fruchtbare Begeisterung möglich ist, sondern nur anmerken, dass dies nicht mein Weg ist. Vielleicht bin ich einfach auch nur schon zu alt, dass ich mich für solche Dinge nicht mehr begeistern kann – oder ist es der Einfluss des Zen, der mich so verändert hat? Jedenfalls versuche ich im Kleinen und in der Stille zu wirken, solange mir von oben die Kraft dafür gegeben ist, und ich bin nach wie vor überzeugt, dass es ein Wirken im Sinne der Kirche ist.

---

[1] Intensive Zen-Übungstage.

Bogdan Snela

geb. 1937, katholischer Theologe, Dr. theol., Dr. phil., Verlagslektor im Ruhestand, gemeinsam mit seiner Frau Helena Gründer und Leiter des Hauses Domicilium, der Hospizgemeinschaft und der Spirituellen Akademie in Weyarn bei München, Herausgeber von Büchern zu östlicher und westlicher Spiritualität. Zen-Schulung unter verschiedenen Zen-Lehrern, Zen-Lehrer der Sanbô Kyôdan-Schule, Mystagogie-Lehrer nach eigener Methode.

Das mystisch Erfahrene tun

Meine Begegnung mit dem Zen kann ich zeitlich und räumlich genau rekonstruieren. Es begann im Meditationhaus der Franziskaner in Dietfurt im Sommer 1986 in der Begegnung mit Pater Hugo Enomiya-Lassalle und bei der gemeinsam gefassten Entscheidung, uns wieder bei seinem Zen-Sesshin im Herbst zu treffen. Zu früheren Erfahrungen und späteren Folgen blättere ich in meinen Aufzeichnungen und verfolge die Spuren geistiger Entwicklung seit meinem 14. Lebensjahr bis heute. Als 13-Jähriger habe ich zur Verwunderung meiner Umgebung beschlossen, Priester zu werden, und ging ins kirchliche Gymnasium-Seminar für so genannte Frühberufungen. In der Zeitspanne von über fünfzig Jahren gibt es einen roten Faden, der sich durch alle diese Entwicklungen zieht: der Hang zur Mystik.

Vom Lausbub zum Eiferer – Hinter diesem Drang stehen sehr frühe Erfahrungen. Ein lebendiges Temperament mit vielen Lausbubenstreichen verpasste mir den Ruf eines schwierigen Jungen. Von diesen Erfahrungen resultierte eine religiös verbrämte Reuebereitschaft und ein Gefühl der Unzulänglichkeit. Dies kompensierte ich in wachsender religiös-mystischer Übung, die Sünden zu bereuen, um immer besser, geradezu heiliger zu werden, um die Liebe Gottes zu verdienen und von der Unzulänglichkeit in seine Nähe zu kommen. Als Weg dahin entwickelte sich eine tiefe, intime Beziehung zur Gottesmutter Maria. Sie war die Vermittlerin, später Partnerin, die weibliche göttliche Kraft, die mich immer stärker in ihren Bann zog. Sie hat mich in die göttlich-mystischen Räume eingeführt und ließ mich dort stundenlang verweilen. Es kamen radikale Selbstverpflichtungen dazu, die in die Richtung der drei evangelischen Räte und Gelübde lenkten, in eine Art mönchisches Dasein.

Der Traum von Heilig-Werden – In einer kleinen Gruppe von Mitstudenten träumten wir während des Philosophie- und Theologiestudiums von einem neuen Christsein in einer Priestergemeinschaft in Armut, Gehorsam und allumfassender Liebe. Ein gründliches Studium der christlichen Askese und Mystik und regelmäßige Exerzitien mit Vertretern verschiedener spiritueller Schulen führten zur Lektüre der großen Mystiker und zur darauf basierenden mystischen Praxis. Im jugendlichen Eifer pflegte ich in der mystischen Stille der Kapelle stundenlang bis tief in die Nacht zu verweilen. Daraus entwickelte sich allmählich neben manchen naiven Vorstellungen und Wünschen ein einfaches ruhiges Verweilen vor Gott, immer noch durch die Vermittlung Marias begleitet. Eine vernünftige Führung des Beichtvaters lenkte diese Radikalität in eine gewisse Beruhigung und wachsende Egolosigkeit: Mystik ist nichts Süßes, sondern eine harte Arbeit.

Asketische Krise – Wie Recht hatte der Beichtvater! Und wie hart und folgenschwer sich diese Askese erwiesen hat, erfuhr ich in meinem 21. Lebensjahr, als ich – ahnungslos, dass ich schwer krank war – ins Krankenhaus gebracht wurde, wo ich nach dem Platzen eines Magengeschwürs sofort operiert werden musste. Man hatte mich dem Tode entrissen, wie der operierende Professor es hinterher ausdrückte. Eine Schlüsselerfahrung, die mich heute immer noch begleitet, war das Erwachen aus der Narkose. Ich sah meine rechte Hand auf dem weißen Bett liegen. Um zu testen, ob ich tatsächlich lebe, wollte ich einen Finger heben. Er wollte und konnte sich nicht heben. Diese Ohnmachtserfahrung war ein Meilenstein in meiner spirituellen Entwicklung. Nicht Leistung, nicht Streben, nicht Eifer macht die Mystik aus, sondern ohnmächtig da sein, sich ohne jeglichen Verdienst auf Gott verlassen, vom Göttlichen getragen zu werden. Drei Jahre Folgekrankheiten und Schwächen bestärkten diese Erfahrung, nachdem ich 23jährig die Priesterweihe empfangen hatte.

Das Erwachen ins Leben – Langsam kam ich wieder zu Kräften und machte eine ganz neue Erfahrung: Nicht nur meine leibliche Mutter und Idealfigur Maria blieben für mich ein weibliches Gegenüber, sondern ich war nunmehr massiv mit realen Frauen konfrontiert, nachdem mein bisheriges Leben in der Kirche vorwiegend im Kreis von Männern stattgefunden hat. Das Erwachen zum realen Leben kreiste immer dringlicher um die Frage der Liebe. Diesmal ging es um neue handfeste Lebensentscheidungen. Mit Mitte dreißig erlebte ich selbst die Liebe zu einer Frau und habe mich für diese Beziehung entschieden, in der ich bis heute lebe. Interessanterweise war dieser Bruch mit dem amtlichen Priestertum kein Abbruch meiner mystischen Praxis. Im Gegenteil, gemeinsam haben wir unsere Vernetzung der Liebe erweitert – zunächst in unserer Großfamilie mit drei leiblichen und drei angenommen Kindern und 1988 mit der Eröffnung des Meditationshauses Domicilium, das vielen Hunderten von Suchenden einen Raum für ihren mystischen Erfahrungsweg eröffnet hat und eine spirituelle Heimat geworden ist.

Zen-Begegnungen

Begegnung mit Hugo Enomiya-Lassalle – Diese neue Heimat heißt Zen. Nachdem Pater Lassalle mich in Zen eingeführt hat, schloss sich auch meine Frau der Zen-Praxis an. Beide wurden wir Lassalles Schüler. Als Verlagslektor habe ich Lassalles Spätwerk betreut und zum Teil herausgegeben. Pater Lassalle hat in drei Jahren als Lehrer für unser Zen die Fundamente gelegt, die bis heute gültig sind. Obwohl er die Bezüge des Zen zur christlichen Mystik unermüdlich gesucht hat, warnte er vor einer Vermischung dieser beiden spirituellen Traditionen. Getragen auf seinen Schultern als Pionier des Zen im Westen sehen wir jetzt weiter und gelangen auf seinen Spuren zu den ursprünglichen Quellen des Zen. Große Hilfe dabei waren die Lektorierung der Bücher und die Zen-Sesshin von Michael von Brück im Domicilium.

Japanisches Zen aus Indien – Nach Lassalles Tod 1991 wurden wir Schüler von Pater Ama Samy SJ, der ab 1989 im Haus Domicilium mehrere Sesshin pro Jahr leitete. So führte mich 1993 der Zen-Weg nach Indien in das Ursprungsland des Buddhismus. Indien hat auf mich trotz vieler Widersprüche einen bis heute nachwirkenden Eindruck gemacht. In meinem Zen-Tagebuch habe ich am 7. Januar 1993 notiert:

„Auf langem Rückweg zum Ursprung – zum Leben spendenden Reisfeld
der Morgenstern heller als sonst – gibt Buddhas Erleuchtung zurück."

Auf mehreren Reisen wurde mir das heilige Indien immer intimer. Ich lernte praktisch den Dialog der Religionen auszuüben, den ich bis dahin in den lektorierten Büchern kennen und lieben gelernt hatte.

Direkte Japan-Erfahrung – Mit den Sesshin im Domicilium unter der Leitung von Kubota Jiun Roshi aus Tokio, dem derzeitigen Abt der Sanbô Kyôdan-Schule[1], wurde ich ab 1998 noch stärker mit der Sanbô Kyôdan-Schule aus Kamakura bei Tokio vertraut. Nach der Loslösung von Pater Ama Samy von dieser Schule habe ich auf Empfehlung von Kubota Roshi mit Willigis Jäger die Koan-Arbeit[2] abgeschlossen und bin im Jahr 2000 Zen-Lehrer der Sanbô Kyôdan-Schule geworden. Mehrere Sesshin in Kamakura, Zen-Reisen auf den Spuren von Pater Lassalle, zu den Zentren der Rinzai-Schule in Kyoto und zum Zen-Kloster Eheiji der Soto-Schule, haben mir einen tieferen Einblick ins japanisches Zen-Leben von heute gegeben. Es ist mir klar geworden, dass Zen in Europa einerseits seinem Ursprung in Indien, China und Japan verpflichtet ist, anderseits aber eigene Wege der Inkulturation gehen muss. Die Tatsache, dass unter anderem auch Christen eine führende Rolle in der Verbreitung des Zen im Westen spielen, verdeutlicht die Frage: Wie schaffen wir die Balance zwischen dem Christsein und der Zen-Erfahrung?

Hishin Ken: Zen-Name als Auftrag – Mit Ernennung als Zen-Lehrer habe ich den Zen-Namen Hishin Ken, zu Deutsch etwa „Beschützer im Geist der Barmherzigkeit“ bekommen. Dieser Name entspricht dem Gründungsgedanken des Meditationshauses Domicilium. Wir haben diesen Ort der Begegnung und der Stille auf zwei Säulen aufgebaut: Mystik und soziales Engagement. Mystik allein ohne Tun der Liebe kann sich selbst abkapseln. Soziale Aktivität wiederum ohne mystische Fundierung kann zum Ausbrennen und zur Resignation führen. Soziales Tun aus Liebe wird zum Zeugnis der Echtheit von Mystik. Die mystische Erfahrung gibt dem sozialen Tun ein festes Fundament. So verstehe ich auch meinen Zen-Namen als Auftrag im oben genannten Sinne.

Zum neuen christlichen Selbstverständnis

Abbau des theologischen Ballasts – Als einer, der jahrzehntelang Theologie und Philosophie studiert und darüber geforscht hat, habe ich am Anfang meiner Zen-Praxis festgestellt, dass mich theologische Inhalte und Methoden am Fortgang in der Zen-, insbesondere in der Koan-Praxis behindern. Die dualistisch rationalistische, Subjekt und Objekt trennende Methode des westlichen Denkens, stört die Alleinheitserfahrung in der Zen-Praxis (auch in der christlichen Mystik). Die paradoxen Koan-Fälle, die rätselhaften Geschichten und Gespräche zwischen dem Meister und dem Schüler, vertreten eine ganz andere, nämlich eine intuitive Denkweise. Die Intelligenz, die hierzu gefragt wird, hat mehr mit der Kunst- und Dichter-Intuition zu tun, als mit der diskursiven Methode, die ich in meinem Studium gelernt und praktiziert habe. Auch manche theologischen Inhalte mussten intuitiven Erfahrungen Platz machen. Eine große Hilfe dabei war die christlich-mystische Erfahrung von früher, die sich als sehr verwandt (aber nicht identisch) mit der Zen-Erfahrung erwies. Meister Eckhart steht als Pate für diese Verwandtschaft und er wird in Indien und in Japan sehr geschätzt.

Schweigender Zugang zur Mystik – Anstatt bunter theologischer Schilderungen der Attribute und der Wesensnatur Gottes, des Himmels und der Hölle, des Zustands nach dem Tode etc. begnügt sich die mystische Erfahrung eines Gregor von Nyssa, eines Meister Eckhart und in neuerer Zeit eines Karl Rahner, meines hochverehrten Lehrers, mit einer Wahrnehmung des undurchdringlichen Geheimnisses, zu dem wir mit keinen Namen und mit keinen Formeln zu kommen vermögen. „Du sollst Gott suchen, wo er keinen Namen hat", „Schweig und lass das Gekläff von Gott" empfiehlt und warnt zugleich Meister Eckhart. Manche lieb gewonnenen Begriffe, Bilder und Vorstellungen müssen der mystischen Licht-und-Dunkel-Erfahrung weichen. Der Prozess ist langwierig und schmerzhaft, aber auch sehr befreiend und im Grunde theologisch sehr reinigend. Der Verlust wird zum Gewinn. Es ist nicht zutreffend, dass der Buddhismus zum Atheismus tendiert. Gottes Schweigen bei Buddha resultiert nach dem katholischen Theologen und Religionswissenschaftler Raimon Panikkar aus der Weigerung, über Gott zu reden – aus den oben genannten Gründen. Die echte Gotteserfahrung wird auf diesem Weg der inneren Enthaltsamkeit nicht nur nicht verhindert, sondern geradezu im Sinne der großen Mystik gefördert.

Neue Rationalität – Die moderne Physik und die Astrophysik liefern uns ein ganz neues Weltbild, das alle traditionellen Vorstellungen weit übersteigt. Sich gegen diese Erkenntnisse, die viele herkömmlichen Glaubensvorstellungen infrage stellen, zu sperren, würde heißen, sich gegen die Zeichen der Zeit zu verschließen. Die neue Rationalität besteht in Anerkennung dessen, was ist. Dies betrifft auch die Befindlichkeit des heutigen Menschen. Die „unendliche Weite und Leere, nichts von heilig"[3] sagt auch die heutige Empfindung des Universums aus, wo es schwierig geworden ist, den Himmel als Wohnung Gottes zu lokalisieren oder von einer räumlich lokalisierten Hölle zu reden. Auch die begrifflich personale Gottesvorstellung weicht der Größe und Undurchdringlichkeit des allertiefsten Geheimnisses, das wir Gott nennen – wie Rahner zu sagen pflegte. Zen befreit von dieser mühseligen theologischen Grübelei und läßt freien, leeren Raum für intuitive Konnotationen, die von der Erfahrung her nicht weniger intelligent und rational sein können als die herkömmlichen. Ich tue mich mit dieser neuen Rationalität leichter in beiden Bereichen: Zen-Erfahrung und Christsein leben und lehren.

Mystagogie: das mystisch Erfahrene tun – Karl Rahner postuliert eine neue Mystagogie im Kontext seines berühmten Satzes „Der Fromme der Zukunft wird ein Mystiker sein,

einer, der etwas ‚erfahren' hat, oder er wird nicht mehr sein".
Meine Mystagogie-Methode verläuft anhand von koanartigen biblischen Texten – wie die Dornbusch-Erfahrung von Mose (Exodus 3,1–14), die Licht-Erfahrung bei der Verklärung Jesu auf dem Tabor (Matthäus 17,1–9) oder die Damaskus-Erfahrung von Paulus (Apostelgeschichte 9,1–19) – in vier Schritten: 1. Schritt: Sammlung – Sehen – konkrete Bilder mit geistigem Auge anschauen, 2. Schritt: Identifikation – Eins-Werden – die Schau nach innen wenden, 3. Schritt: Versenkung – Da-Sein – die Bilder verlassen – gegenstandlos verharren, 4. Schritt: Weltzuwendung – Handeln – das mystisch Erfahrene tun. Die Praxis einer solchen Mystagogie hilft, die Subjekt-Objekt-Dualität zu überwinden, einen neuen Umgang mit dem Gegenständlichen zu praktizieren, das Rätselhafte im Schweigen auf sich wirken zu lassen, das mystisch Erlebte in konkreter Alltagspraxis weiterzugeben. Wem das Zen zu fremd oder zu schwierig erscheint, der oder die kann unter anderem durch die Mystagogie-Übung die Erfahrung der Erleuchtung erlangen, die dem frühen Christentum sehr vertraut war (siehe Taufritus, Taborlicht-Erfahrung).

Zen-Weg als Bodhisattva-Dienst[4]

Das Gelübde: Alle Lebewesen retten – Das anspruchsvolle Bodhisattva-Gelübde „Zahllos sind die Lebewesen, alle gelobe ich zu retten" ist der Mittelpunkt der Begegnung des Christseins mit der Zen-Praxis. Es geht dabei nicht um ein allgemeines Gebot, das in seinem Wortlaut kaum zu erfüllen ist, sondern um eine ganz konkrete Handlungsweise. Mit „Lebewesen" sind Menschen, Tiere und Pflanzen gemeint, wobei die so genannte unbelebte Materie als die vier Elemente Erde, Wasser, Feuer, Luft insofern mitbedacht ist, als sie eine unverzichtbare Voraussetzung für alle Lebewesen ist. Unter „alle" sind diejenigen Lebewesen, die mir hier und jetzt begegnen, zu verstehen. „Retten" heißt nicht, dass ein zudringliches Helfer-Syndrom im Vordergrund steht, sondern dass schon allein durch eigene Präsenz eine befreiende Wirkung auf die Wesen der Umwelt entsteht. Dieses Bodhisattva-Ideal verträgt sich mit dem allerersten christlichen Gebot der Nächstenliebe ausgezeichnet: „Was ihr für einen meiner geringsten Brüder getan habt, das habt ihr mir getan (Matthäus 25,40). Ein Christ, der Zen lebt, kann sich in die Bodhisattva-Haltung gänzlich einbringen, ohne irgendetwas vom Wesen seines Christseins preiszugeben, da er damit zugleich das höchste Gebot der Liebe vollkommen lebt.

Die Balance von Mystik und Handeln – Zu Unrecht wird der Zen-Buddhismus als sozial apathisch und unsensibel denunziert. Durch das Gebot des tätigen Mitgefühls, der zärtlichen Zuneigung und konkreter Handlungen, die helfen, das Leiden der Lebewesen zu verringern (buddhistisch Karuna), wird eine radikale Ergänzung zur mystischen Erfahrung der Erleuchtung geschaffen. Ein Christ, der sich in diese zwei Bereiche des Zen vorbehaltlos begibt, nämlich in die Tiefenerfahrung der Erleuchtung und in radikales Mitgefühl (woraus auch der Verzicht auf Fleischverzehr erwachsen kann), der kann sein Christsein leben und bekennen. Erfahrungsgemäß führt eine solche Balance von Mystik und Handeln zur wesentlichen Vertiefung des Christseins. Pater Lassalle und viele andere christliche Zen-Menschen sind dafür leuchtende Beispiele. Ähnlich haben die größten Mystiker der Christenheit wie Meister Eckhart, Teresa von Avila, Johannes von Kreuz und viele andere bezeugt, dass hohe Mystik eine schier unerschöpfliche Aktivität erzeugt. Dass der Buddhismus eine ähnliche Welt verwandelnde Kraft von der Mystik her innehat, bezeugen die weltweiten Sozialwerke z. B. des Tibetischen Buddhismus.

Auf dem Kissen sterben – Eine große Verwandschaft zwischen dem Christentum und dem Zen-Buddhismus ist in der

Haltung dem Sterben und dem Tod gegenüber zu beobachten. Der große Zweifel eines Zen-Übenden, mit dem sich die Erleuchtung oft ankündigt, hat ähnliche Züge wie die Erfahrung Jesu in Getsemane und wie die dunkle Nacht der Seele eines Johannes von Kreuz. Auf dem Kissen sterben heißt, von der Todesangst befreit zu werden. Auf dem Kissen sterben heißt, die letzten Reste des Egos loszulassen, den realen Tod vorwegzunehmen, Buddha- bzw. Christus-Werden. Dazu sagt Paulus: „Sind wir nun mit Christus gestorben, so (...) werden wir mit ihm leben (...); der Tod hat keine Macht mehr über ihn“ (Paulus an die Römer 6,9). Auch Hakuin ruft aus: „Wann werden wir frei von Geburt und Tod?“ Ein Bodhisattva stirbt restlos dem Ego und der Angst, daher ist er oder sie gänzlich für die Nöte der anderen offen.

Hospizgemeinschaft aus der Zen-Praxis – Nachdem unsere Kinder erwachsen geworden waren, kam eine neue Herausforderung auf uns zu: Ein Krebskranker nahm an einem Zen-Sesshin teil und erklärte danach, dass er im Domicilium bleiben und hier sterben möchte, da er nur noch ein paar Monate zu leben habe. Nach sechs Monaten starb er friedlich in seiner Hütte. Als Begleiter haben wir bei seinem Sterben und bei seinem Tod erfahren, was „sterben auf dem Kissen“ eigentlich bedeutet. Dies war die Geburtsstunde unserer Hospizgemeinschaft. Dank einer Stiftung wurde ein schönes Hospizhaus gebaut und dank der Spenden vieler wird das Haus entsprechend seiner Aufgabe eingerichtet. Mitte August 2004 kamen die ersten Gäste ins Haus: bis zu fünf Schwerkranke und fünf – meist im Domicilium im Rahmen einer Spirituellen Akademie ausgebildete – palliativ-spirituelle Hospizhelfer. Schwerpunkt unserer Hospizarbeit ist Zen-Meditation. Daraus schöpfen die Kranken Trost, die Hospizhelfer Kraft. Ein Kloster auf Zeit gibt den Interessierten die Möglichkeit, im Domicilium ein längeres spirituelles Training mitzumachen.

Einige zusammenfassende Gedanken – Zen ist keine Bedrohung, sondern eine Bereicherung für das Christsein. Es läßt sich in der mystischen Erfahrung eines Christen gut integrieren. Das Christsein kann auf diesem Umweg über Zen zu seiner ursprünglichen Tiefe und Reife zurückfinden. Anderseits profitiert auch Zen von der Begegnung mit dem Christentum. Wie einst der Taoismus das Zen wesentlich gefärbt hat, so kann die Inkulturation im Westen auch dem Zen neue Impulse geben. Was verbindet, ist die mystische Erfahrung und die tätige, vom Mitgefühl her agierende und allumfassende Liebe. Schließlich verbindet uns die für alle gültige „conditio humana", die allgemein menschliche Grundsituation, die uns im Sterben in eine gleiche und gemeinsame letzte Erfahrung versetzt. Das beiden Spiritualitäten vertraute mystische Sterben schafft eine allumfassende Basis zur Begegnung zwischen Christsein und Zen.

---

1 Zu Sanbô Kyôdan-Schule siehe Einleitung.

2 Siehe Fußnote 5, im Artikel von Stefan Bauberger.

3 Hegikanroku (Koansammlung), 1. Koan (Ausspruch des Zen-Patriarchen Bodhidharma).

4 Bodhisattva; „Erleuchtungswesen", das sich in den Dienst barmherziger Weltzuwendung stellt; Ideal des Mahayana-Buddhismus (spätere Schulrichtung des Buddhismus).

Jeroen Witkam

geb. 1931, katholischer Priester und Zisterziensermönch, von 1967–2001 Abt der Zisterzienser-Abtei Maria Toevlucht in Zundert/Niederlande, Buchautor zum Thema Zen und christliche Spiritualität; Zen-Schulung unter Karlfried Graf Dürckheim, Pater Hugo Enomiya-Lassalle SJ und Pater Ama Samy SJ, Kontakt zu weiteren Zen-Schulen und Zen-Lehrern.

Aufmerksamkeit und Hingabe

Als ich Anfang der Sechzigerjahre in den Büchern von Karlfried Graf Dürckheim und Hugo Enomiya-Lassalle zum ersten Mal über Zen las, erkannte ich es blitzartig wieder. Die Klarheit des Zen berührte mich. Zen ist eine einfache Methode, sich der eigenen Tiefe zu öffnen. Es beschreibt diesen Prozess als Bewusstseinsvorgang und es zeigt genau die Stufen, die dazugehören, sowie die Erscheinungen, woran diese Stufen zu erkennen sind. Das alles zog mich sehr stark an. Während die christliche Mystik beim Handeln Gottes ansetzt, geht es im Zen darum, zu erkennen, wer man selbst ist. Zu entdecken, wer ich nun eigentlich selbst bin, war für mich sehr wichtig. Die Beschreibungen der christlichen Mystik darüber, „Abbild Gottes zu sein“, waren für mich immer ziemlich theoretisch und abstrakt geblieben. Nun wurden sie auf einmal viel lebendiger. Gerade Dürckheims Bücher zeigten mir, dass es um mich ging, um meine Erfahrungen.

Durch die Praxis des Yoga war ich schon einigermaßen mit Körperhaltung und mit Atmung vertraut. Die Entdeckung des Yoga im Frühjahr 1958 in den Büchern des belgischen Benediktinermönchs Déchanet war für mich ein wahres Gottesgeschenk. Die Praxis der Asanas, der Körperhaltungen also, machten mich vertraut mit meinem eigenen Körper. Zu erkennen, dass „Gott mich in meinem Körper erschaffen hat" oder, wie es im Schöpfungsbericht heißt: dass „Gott mich formt", war für mich ein Schock. In den unterschiedlichsten Asanas wusste ich mich von Gott geformt. Mein Körper bekam für mich eine positive Bedeutung. Ich lernte mit ihm umzugehen. Ich kam im Körper an.

Dies war sehr befreiend, da ich aufgewachsen war in einer christlichen Tradition, worin Leiden und Entsagung einseitig betont wurden. Die Entdeckung des Yoga hat dazu geführt, dass ich anfing, mich mit dem Hinduismus auseinander zu setzen. Die Welt, die sich mir eröffnete, erlebte ich als sehr anregend, aber auch als kompliziert und undurchschaubar. Deshalb war die Begegnung mit der Klarheit des Zen so erfrischend. Während der Ausbildung im Kloster hatte ich die Form des inneren Gebets schon kennen gelernt. Ich hatte gelernt, mit dem Wort Gottes umzugehen, es in mich aufzunehmen, dabeizubleiben, damit eins zu werden – das war mir schon lange vertraut. Nun führte die Praxis des inneren Gebets zu einem bewussten Schritt in Richtung objektfreie Meditation, zum Übersteigen aller Worte, Gedanken und Konzepte, hinein in einen Raum der reinen Aufmerksamkeit. Später sollte ich herausfinden, dass „Samadhi" oder Einheitserfahrung, Bewusstseinstiefe der Kern des Hinduismus ist, und noch viel mehr des Buddhismus. Die Grundlage der Religiosität asiatischer Gottesdienste ist gleichsam die Erfahrung des „Samadhi". Diese große Entdeckung wurde in den Upanishaden[1] dargestellt. Sie bilden einen Bewusstseinsdurchbruch innerhalb der vedischen Tradition[2]. Auch der Buddha hat diese Erfahrung gemacht. Er brach aufgrund dieser befreienden Erleuchtungserfahrung, die ihn zutiefst verändert hat, mit der vedischen Tradition. Es war diese Erfahrung, die er dann die indische Bevölkerung gelehrt hat, um ihnen den Weg zu zeigen, wie sie dem Drama des menschlichen Leidens entkommen können.

Ich war schon über zehn Jahre Mönch, als ich Zen kennen lernte. Was hatte mir das christliche Klosterleben der Zisterzienser bedeutet?

Der Weg ins Kloster

In einem Alter, in dem viele junge Leute den Glauben verlieren, habe ich ihn gefunden – wieder gefunden, denn ich bin in einer christlichen Familie geboren und erzogen worden. Aber in der Oberschule fing ich an, diesen Glauben zu vernachlässigen. Ich kann mich nicht daran erinnern, dass der Glaube oder das Gebetsleben mir als Kind etwas bedeutet haben. Das tägliche Rosenkranzgebet in der Familie war für mich als Kind äußerst langweilig und die Gottesdienste bedeuteten mir fast gar nichts. Bei meiner Erstkommunion kam ich mir fremd vor. Aber während der Pflichtexerzitien Anfang des zwölften Schuljahres fand ich ein Buch des englischen christlichen Schriftstellers Chesterton mit dem Titel „Orthodoxie“. Ich fing an, es zu lesen, und war gefesselt. Was mich berührte, war das Thema „Harmonie der Gegensätze“. Das Buch brachte mich dazu, mich für den katholischen Glauben zu entscheiden. Ich fing an, sehr bewusst zu glauben, und fragte mich, was dies zu bedeuten hatte, angesichts einer Lebensentscheidung, die ich noch treffen musste. Zurückblickend auf mein Leben erinnere ich mich am meisten an das Gefühl, nicht zu wissen, was ich mit dem Leben, wohinein ich geraten war, anfangen sollte. Ich wurde geboren in eine warme, sichere Familie, aber ich hatte oft ein Gefühl der Beklemmung, Ruhelosigkeit, Distanz, Entfremdung, des Zweifels an mir selbst und an allem um mich herum. Ich hatte mich bewusst für das Gymnasium entschieden, nachdem meine älteste Schwester mir die unterschiedlichen Formen des Schulsystems erklärt hatte. Die Akzeptanz des Glaubens, zu der ich gekommen war, wurde nun zu einer neuen bewussten Entscheidung. Kurz darauf sprach ein Religionslehrer mehr oder weniger beiläufig von den Kartäusern. Es traf mich wie ein Blitz. Es war ein Augenblick ungekannter Freude. Nun wusste ich, was aus mir werden sollte. Eine spirituelle Dimension eröffnete sich mir. Ich konnte mich entscheiden. Ich fühlte mich berufen zu einer Lebensform, die wirklich und anerkannt war und die es mir ermöglichen würde, meinen Glauben mit einem Minimum an Engagement in einer Menschenwelt, wo ich mir bis jetzt so fremd vorgekommen war, zu leben.

Sehr schnell lernte ich – als 18-Jähriger – zu beten und zu meditieren: mit Hilfe des Rosenkranzgebetes, Kreuzganges, der täglichen Messe, Lesung des Evangeliums und des Buches „Die Nachfolge Christi" von Thomas Kempen aus dem 15. Jahrhundert. Als 19-Jähriger trat ich in die Zisterzienserabtei Maria Toevlucht in Zundert in den Niederlanden ein. Ich suchte ein Leben innerhalb einer Gemeinschaft, das so streng wie möglich war.

Zurückblickend kommt mir mein damaliges Gotteserleben als ein ozeanisches Liebesgefühl vor. Ich entdeckte Gott als Du, in der Schönheit der Liturgie, in der Stille des inneren Gebets, in der Strenge des Alltags, in der Einfachheit der Arbeit draußen. Ich fühlte mich zu Hause in dieser Lebensform. Dass Gott ein Du ist, war die große Entdeckung des Judentums, die an das Christentum weitergegeben wurde. Moses Frage an Gott: „Kann ich Dich schauen?" war auch meine brennende Frage. Die überschäumenden Gefühle und die vielen Assoziationen in der Symbolik der Heiligen Schrift waren manchmal schon ermüdend und erschöpfend, da das Gefühl und das Einbildungsvermögen noch keine Tiefe hatten, aber ich kam mir vor wie auf einer faszinierenden Entdeckungsreise. Doch löste dies meine Problematik nicht: Das

Gefühl der Entfremdung und die Selbstzweifel blieben, die Frage: „Bin ich eigentlich wirklich?“. Als ich meine kleine Profess machte, hatte ich das befremdende Gefühl: „Weiß ich eigentlich, was ich tue?“

Seinserfahrung

Bald fing ich in der damaligen Ausbildung an, Philosophie zu studieren. Zuerst widerwillig, denn es war mir zu rational. Ich fühlte mich mehr zu Hause im gefühlsbetonten Reichtum des Betens. Erst die Metaphysik konnte mich richtig fesseln, z. B. die Lehre der „analogia entis“ von Thomas von Aquin, die sich mit der Frage der Aussagen über den letztlich unaussagbaren Gott beschäftigt. In dieser Zeit hatte ich nicht viel Unterricht. Es war meine ganz persönliche Suche: Was ist nun das Sein? Es war ein Ringen mit tiefen Depressionen. Ich musste mich wirklich entscheiden, mich nicht in diesen Sumpf zu verlieren. Manchmal hatte ich auch das Gefühl, abzugleiten in ein formloses Bewusstsein, in dem alle Unterscheidungen verschwunden sind; eine Form der Ureinheit, in der alles ineinander fließt und es überhaupt kein Gegenüber mehr gibt. Intuitiv spürte ich, dass das nicht gut ist.

Nach einer Suche von mehreren Monaten hatte ich aber plötzlich eine intellektuelle Seinserfahrung. Mein Verstand öffnete sich dem Sein – strahlend und kräftig. Gleichzeitig war es aber auch bedrohlich. Was sollte ich mit meinem Körper anfangen? Und wie verhalte ich mich darin zu Gott? Ich habe diese Seinserfahrung damals nicht versucht zu verdrängen, aber ich konnte auch nicht wirklich etwas damit anzufangen. Es blieb für mich ungelöst. Was sie mir aber von Anfang an gebracht hat, ist die Erkenntnis: Ich existiere, weil ich so von Gott erdacht und gewollt bin. Bei diesem Durchbruch der Vernunft verlor mein Gebet seinen stark gefühlsbetonten Charakter. Für den Körper hatte ich jedoch noch keinen Platz gefunden. Den fand ich später durch Yoga. Anscheinend konnte die indische Kultur besser mit dem Körper umgehen als die griechische. In Indien kannte man den Weg zur Sammlung über den Körper. In Griechenland suchte man eher einen Weg unabhängig vom Körper.

Von der Krise zur Erleuchtung

Kurz darauf geriet ich in eine tiefe Krise. Ich hatte das Gefühl, in einen Abgrund zu stürzen. Ich erlebte eine tiefe Verwirrung. Ich hatte den Eindruck, dass mein Leben misslungen war. Ich versuchte mit meinem Seelsorger darüber zu reden, aber er verstand mich nicht. Also stand ich damit allein. In dieser Einsamkeit musste ich, auf mich zurückgeworfen, den Kampf aufnehmen. Konnte ich das Misslingen vermeiden? Oder musste ich es akzeptieren, was den Vorteil hatte, dass ich wenigstens wusste, wer ich war, auch wenn es schwer war, dies anzunehmen.

Ich fand mehr oder weniger eine Richtlinie, wie ich mich mir selbst gegenüber verhalten sollte: erstens nicht über mich selbst zu urteilen! Ich sagte mir: „Wer du wirklich bist, weißt du nicht. Dein Wesen ist ein Geheimnis. Du hast zwar bestimmte Empfindungen, wie z. B. das Gefühl, misslungen zu sein. Aber das ist äußerlich. Identifiziere dich selbst damit nicht. Du weißt nicht, wer du bist." Das war sehr hart. Ich hatte das Gefühl, an einem steilen Berghang zu stehen: Der Gipfel war unerreichbar und unter mir war der Abgrund. Meine Existenz war schmerzhaft geworden. Und so kam ich zu der zweiten Richtlinie: Dein Schmerz ist nicht nur dein Schmerz, sondern ein kleiner Teil des Leidens Christi; und im Leiden Christi spricht Gott. Also hat der schmerzhafte Prozess, in dem ich mich befinde, etwas mit Gott zu tun. Das war ein Versuch, dem Ganzen einen Sinn zu geben. Monate dauerte diese Reise durch die Leere des Nicht-Urteilens, eine Reise auf Leben und Tod. Ich hatte das Gefühl: ein Fehlschritt, und ich stürze in den Abgrund. Ich nahm zwar an allen Andachten des Klosterlebens teil, aber ich war nur äußerlich dabei. Das wirkliche Geschehen fand woanders statt, in einer Aufmerksamkeit ohne mich zu bewerten, als hätte ich mein Leben zwischen den Zähnen.

Und dann geschah es. Völlig unerwartet. An Zeit, Ort und Lichtverhältnisse erinnere ich mich noch genau: während wir in einer Prozession von der Kirche in den Speisesaal gingen, an einem schönen sonnigen Tag, um den Himmelfahrtstag herum. Ein Durchbruch unbeschreiblicher Freude. Nur Freude. Und in dieser Freude wusste ich: Jetzt weiß ich, dass ich bin, denn Gott liebt mich. Ich ging nach draußen und sah zum ersten Mal das Gras, die Sträucher, die Bäume: Formen in Bewegung. Strahlendes Sein. Diese intensive Freude war eine echte Erleuchtungserfahrung, „Satori" heißt es im Zen, wie ich später lernen würde. Damals war das für mich, als durfte ich Gottes Glanz schauen. Wie Mose auf dem Berg. Ich hatte einen Prozess des Sterbens erlebt, wie es Gott zu Mose gesagt hatte: Erst musst du sterben, bevor du mich sehen darfst. Erstaunlich, dass mir diese Erleuchtungserfahrung geschenkt wurde, obwohl ich überhaupt noch nichts von Zen gehört hatte.

Selbstverständlich war diese Erfahrung der Freude nicht von Dauer. Nach einigen Wochen wurde ich wieder den Berg hinunter geschickt, wie Mose, zurück in den Alltag. Und das hieß für mich: Askese und das Theologiestudium. Doch war nicht alles weg. Was blieb, war die tiefe Überzeugung, das tiefe Wissen: „Ich bin". Es war die Antwort auf mein Urproblem, der Zweifel: „Existiere ich wirklich?" Und auch das Wissen um die Liebe Gottes blieb. Gott als Du. Gott wurde mehr denn je Du für mich. Wenn Schwierigkeiten kamen – und die blieben natürlich nicht aus –, wusste ich damit umzugehen: wieder durch das Sterben zum Leben zu gehen. Meine Erleuchtungserfahrung war zu einer Tragfläche meines Lebens geworden. Und ich hatte so etwas wie einen inneren Führer während meines Theologiestudiums, der mich vor der Falle behütete, mit Theologie so umzugehen, dass man in der Dualität des Denkens steckenbleibt.

Zurückblickend auf diese Erleuchtungserfahrung sehe ich ihre zwei Elemente ganz klar. Erstens richtete sich die Aufmerksamkeit darauf, nicht zu werten. Das habe ich später als das Wesentlichste im Zen wiedergefunden. In der Zen-Tradition steht diese Übung im Mittelpunkt. Es ist der Ausgangspunkt. Buddhismus und Hinduismus sind „Religionen der Aufmerksamkeit". „Samadhi", Sammlung in der Tiefe, ist der Mittelpunkt. Und zweitens war da die Hingabe an einen Gott, der der Inhalt meines Lebens war und der meinem Schmerz einen Sinn gab. Der Gott der Bibel, der Gott Jesu, der Gott, den ich mit Du ansprechen durfte.

Beide, der Hinduismus und der Buddhismus einerseits, das Judentum und das Christentum andererseits, umfassen sowohl Aufmerksamkeit wie auch Glaube bzw. Hingabe. Aber eines von beiden steht im Mittelpunkt, das andere am Rand. Als ich später in Japan Zen-Klöster besuchte, war ich überrascht zu sehen, wie oft man sich verneigt. „Vor wem verneigt ihr euch eigentlich?" habe ich gefragt. Die Antwort kam prompt: „Verneigungen schützen vor Selbstgefälligkeit." Diese Antwort zeigt, dass die Verneigungen eine Übung der Aufmerksamkeit sind. Im Christentum heißt es bei Problemen oft: „Betet"! Dabei vergisst man aber, dass es auch Aufmerksamkeit braucht, um das zu werden, was man zutiefst ist.

Für mich ist die Erkenntnis, dass es Aufmerksamkeit *und* Hingabe braucht, der Schlüssel, der beiden Seiten gegenseitig die Tür zu den großen Schätzen des Zen und des Christentums öffnet. Auch deshalb schlug bei mir die Entdeckung des Zen so ein. Ich hatte sehr bewusst die Übung der Aufmerksamkeit als Weg zur Befreiung durchlebt. War ich wirklich befreit und erleuchtet? Meine Erfahrung war eine Tatsache. Aber ich hatte noch nicht einmal angefangen, meine Gefühle und Emotionen zu verarbeiten. Für menschliche Beziehungen war kaum Platz. Das kam erst später, wie ich noch zeigen werde.

Die Praxis des Zen eröffnete mir auch wieder den Weg zurück in die intellektuelle Seinserfahrung. Damals konnte ich diese Erfahrung nicht wirklich integrieren, da mein Körper Widerstand leistete. Jetzt aber wurde gerade der Körper Träger dieser Erfahrung. Zen hat mich gelehrt, wie wichtig die Körperhaltung für die Aufmerksamkeit ist, wie der Körper selbst zur Aufmerksamkeit wird. So konnte ich die Seinserfahrung wieder zulassen. Trotzdem musste ich noch einmal lernen, was der Unterschied ist zwischen Seinserfahrung und Erleuchtungserfahrung. Die Erleuchtungserfahrung ist nicht intellektuell, sondern sie ist ein erschütterndes Erlebnis jenseits der Tätigkeit des Verstandes. Es ist die Entdeckung des Selbst, das ein Nicht-Selbst ist, wie es im Zen heißt. Diese erschütternde Erfahrung wurde zur Grundlage der Zen-Tradition. Sie ist natürlich sehr wichtig. Wenn ich mich frage, ob es in der Bibel etwas Ähnliches gibt, dann fällt mir der unbeschreiblich dringende Aufruf Jesu zur Aufmerksamkeit und Wachsamkeit ein. Der Hintergrund dieses Aufrufs war die Ankündigung Jesu: Die Welt, eure sichtbare Welt bricht zusammen, es wird nichts mehr geben, an das ihr euch klammern könnt. Ich glaube, beides hängt eng zusammen: die Aufmerksamkeit, die zum Schock der Erleuchtung führt in der Tradition des Zen, und der Aufruf Jesu zur Wachsamkeit, welche alles Vergängliche durchschaut (Lukas 17,22–37; Markus 13,33–37; 1. Brief des Paulus an die Korinther 7,29–32).

Zen und Säkularisierung

1972 fing ich an, Meditationskurse zu begleiten. Das hat mich auch mit vielen Menschen in Kontakt gebracht, die durch die Säkularisierung geprägt wurden. Es sind Menschen am Rande der Kirche, denen Glauben nichts mehr bedeutet, und solche, die entweder ausgetreten sind, weil sie keinen Bezug zu dem Glauben mehr haben, in dem sie erzogen worden sind, oder solche, die gar nicht christlich erzogen wurden. Es ist meine Erfahrung, dass diese Menschen durch die Übung des Zen, durch die Begegnung mit der Stille, wieder eine Beziehung bekommen haben zu ihrem Jugendglauben. Sie fühlen sich auf eine neue Weise angesprochen von der biblischen Symbolik, ohne sich mit der Institution Kirche oder mit theologischen Meinungen zu identifizieren. Auf diese Weise lernen sie, die mystische Sprache so vieler großer Propheten aus der Geschichte des Christentums zu verstehen.

Im Dialog mit dem zeitgenössischen säkularisierten Menschen kann Zen eine wichtige Aufgabe erfüllen: In einer klaren Sprache werden im Zen die Stufen beschrieben, die man durchlebt auf dem Weg zur Erleuchtung, ohne dass von Gott oder von Gottes Handeln im Menschen gesprochen wird. Als Christ bin ich aber der Meinung, dass man davor überhaupt keine Angst haben muss. Das Handeln Gottes braucht nicht geleugnet zu werden, es bekommt nur eine andere Bedeutung. Manche Christen werfen den Zen-Übenden vor, dass die aktive Selbstverwirklichung das Handeln Gottes ausschließt. Aber die Aufmerksamkeit im Zen ist ja reine Empfänglichkeit. Die Erleuchtung ist keine aktive Leistung. Man kann sich nur öffnen im tiefen Wissen der eigenen Ohnmacht. Durch diese offene Aufmerksamkeit wird man das, was man zutiefst ist.

Zen und Gottesverständnis

Ich komme jetzt zurück auf den Einfluss, den Zen auf mein eigenes Christsein gehabt hat. Zunächst auf mein Gottesverständnis. Die reine Aufmerksamkeit des Zen hat mir geholfen, das zu durchleben, was schon der Mystiker Dionysius Areopagita um 500 n. Chr., beeinflusst vom Neo-Platonismus, beschrieben hat: Du weißt erst etwas von Gott, wenn du alles, was du von ihm weißt, vergisst. Zen hat mir geholfen, die Leere des Nicht-Wissens auszuhalten und hat mich eine Aufmerksamkeit gelehrt, die mich auf ganz andere Weise etwas von Gott hat erkennen lassen und die auch meine Hingabe an Gott gereinigt und vertieft hat.

Ich habe gelernt, die Sprache der Bibel als ausgesprochen symbolisch zu verstehen, in der Menschen ihre Erfahrungen beschreiben, die sie in Beziehung zu ihrem Gott gemacht haben. Für mich ist die Bibel ganz sicher Offenbarung, aber Offenbarung zeigt sich immer in menschlichen Erfahrungen. Mir war es wichtig, die Symbolik der Bibel nicht in Konzepte und Begriffe zu fassen, sondern in Beziehung zu sehen zur Leerheit der inneren Stille. Zum Beispiel: Wenn in der Bibel vom Thronen Gottes geredet wird, dann ist das für mich ein Symbol dafür, dass mein eigenes Sitzen im Zen göttlich ist. Was von Gott gesagt wird, bezieht sich auf den Menschen in seiner Offenheit für das Göttliche. In der Bibel heißt es auch: Gott thront über der Flut. Das Sitzen Gottes wird bedroht von dem Chaos, wovon in der Genesis, dem ersten Buch Mose aus dem Alten Testament, die Rede ist. Aber das Thronen Gottes bezwingt dieses Chaos. Für mich bedeutet das, dass ich im Sitzen zwar bedroht werde vom Chaos meiner Gedanken, aber dass das Sitzen mich mit einer so wachen Ruhe erfüllt, dass das Chaos im Kopf allmählich nachlässt.

Wenn in der Zen-Tradition vom „Großen Tod“ die Rede ist, so wie auch in manchen buddhistischen Texten vom „Mit-Auferstehen“, dann fühle ich mich mit Christus verbunden, der mit seinem Tod so gerungen hat und ihn so durchlitten hat, dass die Auferstehung in ihm durchbrechen konnte. Die leere Aufmerksamkeit des Zen hat mir (noch einmal) geholfen, dies umfassender zu erfahren.

Und noch ein anderes Beispiel: Die Bergpredigt ist mir erst klar geworden in der Stille des Zen. Die Bergpredigt zeigt, wie das Herz rein wird. Das ist wichtig, denn die, welche reinen Herzens sind, werden Gott schauen. In der Bergpredigt kommen alle Elemente des menschlichen Bewusstseins zur Sprache und werden betrachtet im Lichte dieses Reinigungsprozesses. Die Bergpredigt ist also eher mystisch als moralisch gemeint. In vielen meiner Vorträge bei den Meditationskursen habe ich biblische Bilder benutzt, um den Weg in die Zen-Erfahrung zu verdeutlichen. Dies trifft auch auf das zu, was die Bibel das Handeln Gottes nennt.

Die Stille des Zen ist voller Energie, verbunden mit den Energie-Kanälen unseres Körpers. Meine Stille hat Einfluss auf die Welt, in der ich lebe. So arbeiten die Energien Gottes durch meine Stille hindurch. Darum ist die biblische Symbolik auch nicht unabhängig von der materiellen Wirklichkeit. Aber die Beziehung ist anders, als wir es aufgrund eines vorwissenschaftlichen Weltbildes meinten. Ich bin davon überzeugt, dass Zen und Christentum einander, so betrachtet, viel zu bieten haben. In der Zen-Tradition versuchen viele Koan[3], uns eine andere Beziehung zur Wirklichkeit zu zeigen.

Zen und Selbsterkenntnis

Zen lehrt, die Gedanken loszulassen. Aber bevor man einen Gedanken loslassen kann, muss er zunächst bewusst sein. Dabei geht es nicht so sehr um den Inhalt der Gedanken, sondern um ihre emotionale Kraft. Die Praxis des Zen hat mich gelehrt, meine Ängste, meine Ärgernisse, meine Bedürfnisse, aber auch meinen Zweifel und mein Ordnungsbedürfnis anzuschauen – auch etwa meine Schuldgefühle. Ich habe gesehen, wie sich die Emotionen in meinem Leben auswirken, aber ich habe auch über die Stille einen ganz eigenen Weg zur Verarbeitung gefunden. Über Emotionen zu reden mit einem Menschen, dem man vertraut, kann sehr wichtig sein, aber eine tiefgreifende Verarbeitung kann erst über den Zugang zum Raum der Stille stattfinden. Dies habe ich zutiefst erfahren dürfen.

Zen und menschliche Beziehungen

Bis jetzt habe ich nur von der „vertikalen Dimension" gesprochen, von der Erfahrung der Stille und Aufmerksamkeit, von der Hingabe an Gott. Vor allem hier findet die gegenseitige Bereicherung zwischen Zen und Christentum statt. Aber der Mensch hat auch eine „horizontale Dimension": das, was er in menschlichen Beziehungen erlebt. Im Mensch-Sein sind beide Dimensionen abgebildet. Die vertikale Dimension: der Mensch, der aufrecht vor Gott steht; die horizontale Dimension: der Mensch, der nach seinem Mitmenschen die Arme ausstreckt. Im Mensch-Sein kreuzen sich beide Linien im menschlichen Herzen. Das Herz ist eine Schnittstelle: die Begegnung mit Gott und die Begegnung mit dem anderen Menschen kommen darin zusammen. Das Wort „kreuzen" erinnert an das Kreuz Jesu, an das Marterwerkzeug, woran er getötet wurde. Die Integration beider Linien, der vertikalen und der horizontalen im menschlichen Herzen, wird damit zu einer Kreuz-Erfahrung.

Menschliche Beziehungen sind eine eigenständige Quelle menschlicher Erfahrungen. Ich habe erst spät in meinem Leben aus „dieser Quelle" getrunken. Das Zisterzienserleben ist ein Leben in Gemeinschaft. Aber in der Zeit, als ich ins Kloster eintrat, hatte die Brüderlichkeit vor allem sakralen Charakter. Wir lebten in der Stille zusammen, ohne dass man eine eigene Zelle hatte. Unsere Privatsphäre war die Privatsphäre der Stille, alles andere teilten wir. Aber nie sprachen wir über das, was erfahren, erlebt und empfunden wurde. Es gab nur die sachlichen Arbeitsbesprechungen und die spirituellen Gespräche mit dem zuständigen Seelsorger. Die Erfahrungen, die ich oben beschrieben habe, fanden statt in einer Zeit großer Stille. In dieser Zeit hatten menschliche Beziehungen kaum Platz in meinem Leben. Erst später, als ich als Abt Verantwortung übernahm für andere Menschen, habe ich diese eigenständige Quelle menschlicher Beziehungen entdeckt.

Die Aufgabe, vor die ich mich gestellt sah, lautete: Wie kann ich die beiden Linien, die vertikale und die horizontale, zusammenbringen, wie kann ich sie in meinem Herzen integrieren?

Für mich war Zen dabei sehr wichtig: immer wieder neu nach innen schauen, um zu sehen, was jetzt ist. Immer wieder alle Gefühle und Emotionen zurückführen an die Quelle der Stille. Nichts leugnen, sondern stille werden. Alles annehmen und empfinden, aber diese Gefühle und Empfindungen in Beziehung zur Stille sehen. Das hat die Qualität meiner menschlichen Beziehungen vertieft und bereichert. Außerdem haben die menschlichen Beziehungen mich befreit von der Sterilität, zu der reine Einsamkeit führen kann. Der Durchbruch in die Erkenntnis: „Ich bin nicht mehr allein", war für mich sehr wichtig. Allmählich kamen die Offenheit für Gott und die Offenheit für die Menschen in meinem Herzen zusammen. Die Aufgabe des Zen hierbei war: frei zu werden von den Filtern der Wahrnehmung, von den vielen vordergründigen, einschränkenden Meinungen; frei werden vom Werten; die Wiederentdeckung der Natürlichkeit und der Spontaneität. Dafür und für die Begegnung mit Zen in meinem Christsein bin ich zutiefst dankbar.

(Dieser Text wurde ins Deutsche übersetzt von Peter van den Hoeven, Meditationshaus Sonnenhof im Schwarzwald.)

---

[1] Der Teil der Veden, der sich vorrangig mit der Einweihung in das wahre Selbst durch Versenkung befasst.

[2] Die Gesamtheit der kanonisierten (alten) Heiligen Schriften der Hindus.

[3] Siehe Fußnote 5, im Artikel von Stefan Bauberger.

Detlef Witt

geb. 1920 in Berlin, Studium der Naturwissenschaften, Indologie, Philosophie und Theologie; 1953 Eintritt ins Benediktinerkloster Beuron, dort 1973 Gründer des ersten christlichen Zen-Zentrums in Deutschland (das Sonnenhaus), seit 1980 Leitung des „Christliches Zen-Zentrum“ in Bad Wurzach-Eintürnen. Zen-Schulung unter verschiedenen Zen-Lehrern.

In Christus haben alle echten Religionen Platz

Mein Weg zum Zen

Zen hat mein Christentum nicht verändert: denn areligiös aufgewachsen, habe ich mich erst seit meinem 25. Lebensjahr in der Kriegsgefangenschaft auf die Suche nach Gott als dem Maß aller Dinge gemacht. In dem Gefangenenlager begegnete mir als erste Religion das Christentum, welches mich einerseits, verhungert wie ich war, tief beeindruckte, welches ich aber andererseits als ein rein diesseitiger Mensch noch gar nicht verstand.

Während meines nach der Gefangenschaft folgenden Studiums der Mathematik, Physik und Chemie bewegte mich die Suche nach Gott so elementar, dass mich im dritten Semester das damals sehr positivistische, naturwissenschaftliche Studium nicht mehr befriedigte und ich zur Philosophie wechselte. In dieser Zeit begegnete mir in Gestalt der Veden und

Upanishaden[1] die überaus tiefgründige indische Religiosität. So nahm ich als zweites Fach die Indologie hinzu, die mir gewichtige Antworten auf mein Suchen gab. Da mein Philosophieprofessor verlangte, dass ich mich weiterhin mit den Naturwissenschaften auseinander setzen sollte, nahm ich als drittes Fach Botanik dazu. Ich kam mir vor wie ein Mensch, der mit zwei Füßen auf drei Eisschollen steht. Wie gehören das Christentum, die altindische Mentalität und die Naturwissenschaften zusammen?– Ganz anders als heute, wo Ost und West einander schon nahe gekommen sind und sich zum Teil einander durchdrungen haben, konnte mir damals kein Mensch eine Antwort auf diese Frage geben. Diese existentielle Suche nach der letzten Wahrheit prägte mein ganzes Studium. Es endete damit, dass ich infolge meines bohrenden Suchens entdeckte, dass man an der Universität, wo es um Wissenschaft geht, die Wahrheit, das heißt Gott, nicht finden kann.

So zog es mich unwiderstehlich zu einem Leben, welches bedingungslos ganz der Suche nach Gott geweiht war: Ich trat in das Benediktinerkloster Beuron an der Donau nahe Sigmaringen ein. Dort musste ich nach dem Noviziat noch ein vollständiges Theologiestudium absolvieren. Anschließend wurde ich zur Betreuung der Gäste eingesetzt. Hier hatte ich viel Gelegenheit, mich mit asiatischen Gästen aus Indien, China, Korea und Japan bezüglich religiöser Grundfragen aus- und ineinander zu setzen. Wir waren oft ziemlich erstaunt, wie sehr es doch in all diesen Religionen immer wieder um das Gleiche geht: den heilen Menschen.

Schon während meines Studiums und dann weiterhin im klösterlichen Leben hatte sich bei mir infolge meiner indologischen Kenntnisse eine eigene meditative Praxis ergeben. Viele Gäste, die in den 60er und 70er Jahren ins Kloster kamen, wollten meditieren lernen. So gab ich weiter, was ich aus meiner west-östlichen Suche gelernt hatte. Aber noch fehlte mir eine eindeutige Methode.

Da lernte ich bei einer gemeinsamen Vortragsveranstaltung mit dem Zen-Pionier und Begründer der Initiatischen Therapie Karlfried Graf Dürckheim über biblische und gegenstandslose Meditation das Zen kennen. Die ideologiefreie und sehr einfache Übungsweise des Zen schien mir überaus geeignet, mit der im westlichen Abendland so verkopft gewordenen christlichen Offenbarung vereint zu werden.

Nach einem Zen-Einführungskurs bei Karlfried Graf Dürckheim fühlte ich mich dank meines Indologiestudiums schnell im Zen zu Hause. Hatte ich doch schon vor meiner Zen-Übung, gerade auch durch die Eucharistiefeier und mithilfe des Rosenkranzes und meiner meditativen Übungen gelernt, mich nicht mehr mit meinem „subjektiven Ich" zu identifizieren und durch „Leerwerden von sich selbst" (Philipperbrief 2,5–7) Alleinheits-Erfahrungen zu machen. In der Folgezeit hatte ich jedes Jahr mehrmals Gelegenheit, bei allen japanischen Zen-Meistern, die damals nach Deutschland kamen, meine Übungen weiter zu vertiefen. Und was ich lernte, gab ich den Gästen des Klosters weiter. Auch diese empfanden die Zen-Übung als sehr bereichernd. So entwickelten sich daraus Kurse, die so schnell anwuchsen, dass ich 1973 vom Abt das Sonnenhaus als Meditationszentrum zur Verfügung gestellt bekam. Wie Graf Dürckheim mir versicherte, war es das erste christliche Zen-Zentrum in Deutschland oder, wie er sagte: wahrscheinlich auch in Europa.

Kontemplation und Zen

Wie aber sollte ich das neugeborene Kind nennen? – „Christliches Zen-Zentrum"? Dann würden wohl die Christen nicht kommen, weil der Name buddhistisch klingt, und die Buddhisten nicht, weil er christlich klingt. Nach gründlichem, sehr gewissenhaftem Nachdenken fühlte ich mich doch gedrängt, diesen Namen zu wählen, weil er für mich Programm war. Für mich gab es und gibt es keinen Unterschied zwischen christlicher Kontemplation und buddhistischem Zen. Denn

„con-templari“ kommt aus der altrömischen Augurensprache und heißt übersetzt: sich „mit“ („con“) dem „Brennpunkt“ („templum“) zwischen Gott und Schöpfung zu vereinen.

Und genau das ist das Wesen des Zen und der christlichen Offenbarung: zu lernen, aus dem einen Ur-Sprung von allem, das heißt unmittelbar aus dem einen Schöpfer von allem zu leben. Denn die Schöpfung ist ein immer währender Prozess, der in jedem Augenblick stattfindet. Wir müssen also, um „nicht von der Welt, aber ganz in der Welt da zu sein“, nach unserem allgegenwärtigen, lebendigen, immer neuen Ursprung suchen. Und das ist Zen: „Was ist dein ursprüngliches Angesicht, bevor deine Eltern geboren wurden?“ So begann ich, angeregt vom Zen, nach meinem ursprünglichen Angesicht zu suchen.

Ursprung und immer währende Schöpfung

„Was die Weisen aller Zeiten sich übermittelten, war nie etwas anderes als (...) Heimkehr zum Ursprung, wo Form und Geist im Bewusstsein noch nicht zu Wissen und Erkennen auseinander gefallen sind. Dies ist nichts anderes als das Suchen nach der Ganzheit innerhalb unseres Leibes, die war, bevor Himmel und Erde entstanden.“[2]

Bei mir als einem ganz gewöhnlichen Abendländer waren damals Form und Geist, Wissen und Erkennen weit auseinander gefallen. Mit diesem Auseinander-Fallen ist die Subjekt-Objekt-Spaltung gemeint. Gerade bei uns westlichen Menschen ist diese Spaltung extrem weit gediehen: „Ich“ als Subjekt stehe meinem Leib und meinen „niederen“ Funktionen gegenüber: Sie sind mir zum Objekt geworden. Und ebenso stehen mir alle anderen Dinge und auch Gott als der ganz andere gegenüber: das übliche theistische Gottesbild! Deshalb begann ich mit Hilfe des Zen „nach meiner (ursprünglichen) Ganzheit innerhalb meines Leibes zu suchen“. Das aber ist „In-Karnation“, zu deutsch: „Ein-Fleischen“. Je mehr wir uns mit unserem abge-*sonde*-rten (Sünde) Bewusstsein, welches im Zen „das kleine, schmutzige Ich" heißt, unseren Leib und alle Sinne und Funktionen durchwandern und durchdringen, lernen wir im Laufe der Zeit, aus unserer ursprünglichen Mitte, das heißt aus Gott zu leben. So habe ich durch das Zen gelernt, das Christentum als eine „Heimkehr zum Ursprung innerhalb unseres Leibes" zu erleben – und zwar, wie es im Zen heißt: „bevor meine Eltern geboren wurden".

„Bevor meine Eltern geboren wurden"? Es geht hier nicht nur um meinen individuellen, immer währenden, immer neuen Ursprung aus dem lebendigen Schöpfer, sondern um die Erfahrung, dass im Ursprung immer schon zu allen Zeiten alle Geschöpfe *„ein* Leib und *ein* Geist sind" (Epheserbrief 4,4).

Und dieses „ein Leib und ein Geist werden" steht in der Mitte der Messfeier und ist Testament und Ziel der Offenbarung in Christus: „Damit alle eins seien, wie du, Vater, in mir und ich in dir, damit auch sie in uns eins seien!" (Johannes 17,20). Und wie kommt man zu dieser Erfahrung, ein Leib und ein Geist mit allen Geschöpfen zu werden? Durch Leerwerden von sich selbst!

Mitte und Leere

Dieses Leerwerden von sich selbst ist die Quintessenz des Buddhismus (Shunyata), des Zen, des Taoismus – und des Christentums: „Seid untereinander gesinnt, wie auch Christus Jesus: Denn er, der in Gottesgestalt war, erachtete das Gottgleichsein nicht für ein Gut, das er mit Gewalt festhalten müsse; sondern er wurde leer von sich selbst, nahm Knechtsgestalt an und wurde den Menschen gleich" (Philipperbrief 2,5–7). Dieses Wort gilt bei den Theologen als das älteste Credo der Christenheit.

Leerwerden von sich selbst ist die Ermöglichung jeglicher Liebe: „Das ist mein Gebot, dass ihr einander liebt, wie ich euch liebte. Niemand hat eine größere Liebe als die, dass er sein Leben hingibt für seine Freunde" (Johannes 15,12 f.). Denn, in dem Maße, wie ich mich mit jedem Atemzug total leibhaft (!) hingebe und mich und alles Gegenwärtige hinnehme, kann ich eines jeglichen anderen innewerden: ein Leib und ein Geist mit ihm werden. Es ist die Erfahrung des „mystischen Leibes Christi", die Erfahrung der Herrschaft Gottes auf Erden, wie sie in der Bibel bei Lukas 17,20–24 zum Ausdruck kommt:

Befragt von den Pharisäern, wann die Herrschaft Gottes komme, hob er an und sprach: „Die Herrschaft Gottes kommt nicht in beobachtbarer Erscheinung. Auch wird man nicht sagen: Da – hier ist sie! Oder: dort ist sie! Denn da! Die Herrschaft Gottes ist inmitten von euch."

Zu den Jüngern aber sprach er: „Es werden Tage kommen, da ihr danach verlangt, einen der Tage des Menschensohnes zu sehen – und nichts zu sehen bekommt. Und sie werden euch sagen: Da – dort! Da – hier! Geht nicht weg und jagt nicht hinterher. Denn wie der Blitz im Aufblitzen von der einen zur anderen Himmelsgegend strahlt – so wird es mit dem Menschensohn sein an seinem Tag."

Das Reich, die Herrschaft Gottes kommt nicht in „beobachtbarer Erscheinung", ist also in keinerlei Weise objektiv, gegenständlich zu begreifen. Im Zen üben wir, mit dem Bewusstsein restlos in der eigenen Leibgestalt aufzugehen, also in der Nachfolge Christi zu in-karnieren: „Und das Wort ist Fleisch geworden".

Leerwerden durch Erden

Da ich, wie eingangs erwähnt, religiös zweigleisig aufgewachsen bin und die Religionen nicht nur nach den herkömmlichen Klischees (z. B. Buddhismus als atheistische, Christentum als theistische Religion: Beides ist falsch!) kennen gelernt habe, sondern aus ihren Quellen erforscht habe und lebe, weiß ich aus eigener Erfahrung, dass es in allen echten Religionen letztlich um die immer währende Erleuchtung durch das unerschaffene Licht (oder das Wort) geht mittels Leerwerden von sich selbst. Besonders tiefgründig hat diese uralte Wahrheit Isaak Luria (1534–1572) in der jüdischen Kabbala im Mysterium des „Tsimtsum“ entfaltet. Dieses Leerwerden von sich selbst (Zen bzw. Philipperbrief 2,5ff.) geschieht, buddhistisch-taoistisch ausgedrückt, durch Zirkulieren des Bewusstseinslichtes durch den ganzen Körper (auch „Pflügen des Ackers“ genannt); christlich formuliert: durch In-Karnieren (Ein-Fleischen) bzw. Bereiten des Bodens, welches Jesus im Gleichnis vom Sämann als Bedingung nennt, um überhaupt alle anderen Gleichnisse zu verstehen (Markus 4,13). So lehrt der syrische Kirchenvater Behisho: „Das erste Stadium, welches der nach Vollkommenheit strebende Mönch oder eigentlich jeder Christ zu erreichen hat, ist das des Ganz-leiblich-Werdens. Er muss die Schwere und die Dumpfheit seines Körpers durch die die Gelassenheit erstrebende Übung beseitigen, so dass die Einsicht allmählich verfeinert und erleuchtet wird und sich dem ursprünglichen Zustand nähern kann.“[3]

Weil das kopflastige westliche Christentum diese spirituelle Übung weitgehend vernachlässigt hat, findet das Wort Gottes heute bei uns keinen Boden mehr vor, um Wurzeln zu treiben, und es verdorrt. Deshalb sollte der Abendländer Zen, Tai-Chi, Qi-Gong, Yoga, Eutonie oder dergleichen üben! Ich kann mir kein lebendiges Christsein mehr vorstellen ohne entsprechende Inkarnations-Übungen.

Erneute Geburt aus Wasser und Geist

In dem Maße, wie der Mensch lernt, mit seinem Bewusstsein in seinem *ganzen* Leib aufzugehen, wird das von den elementaren Seinsschichten abgesonderte (Sünde), subjektive „Ich“

in der vegetativen Schicht, die wir mit den Pflanzen gemeinsam haben, in dem mütterlichen Beckenraum (koilia), dem Wasser, aufgelöst, und der Neue Mensch kann aus Wasser und Geist erneut geboren werden: „Wird einer nicht aus Wasser und Geist erneut geboren, kann er nicht in die Herrschaft Gottes eingehen“ (Johannes 3,1–13). Das ist Taufe! Das Taufbecken ist nur ein Symbol für den Beckenraum des Menschen. Wenn der Mensch durch Meditieren dies übt, wird er erfahren, dass „Ströme lebendigen Wassers aus seinem Unterleib (koilia) fließen. Das aber sagte er von dem Geist, den die an ihn Glaubenden empfangen sollten“ (Johannes 7,38 f.). In den östlichen Kirchen finden wir diese „erneute Geburt aus Wasser und Geist“ in allen größeren Kirchen dargestellt in Gestalt der Ikone der „Zoodochos Pägä“, der „Leben spendenden Quelle“: Maria (und jeder Christ sollte eine andere Maria sein, die Christus aus dem Schoße gebiert) sitzt in dem Taufbecken, so dass ihr Oberkörper aus dem Taufbecken ragt und ihr Beckenraum und das Taufbecken eines das andere abbilden. Und aus diesem doppelten Beckenraum entspringen Christus und die Ströme lebendigen Wassers, durch welche „Lahme gehend und Blinde sehend werden“.

Feuer und Licht

Johannes der Täufer hat nur mit Wasser zum Umsinnen getauft, also um anders sinnen zu lernen. Er weist aber hin auf Jesus: „Der nach mir Kommende (...) wird euch taufen in heiligem Geist und Feuer“ (Matthäus 3,11). „Feuer auf die Erde zu werfen, bin ich gekommen, und wie sehr wünsche ich, es wäre schon entfacht“ (Lukas 12,49). Von diesem Feuer ist in der westlichen Kirche überhaupt nichts mehr zu spüren. Wir finden es nur noch symbolisch in der Osternacht, wenn die am Feuer entzündete Osterkerze in das Taufbecken dreimal eingetaucht wird. Das weist uns hin auf das tantrische Element, auf die an der Wirbelsäule aufsteigende

Schlangenkraft, die alle Religionen kennen (4. Buch Mose 21,4–9) und die man im Zen als Phase auf dem Weg zur Erleuchtung erfahren kann. In der westlichen Kirche ist dieses Thema tabu!

Wie konkret das zu erfahren ist, lehrt uns Jesus in Lukas 11,34–36: „Die Leuchte des Leibes ist dein Auge. Solange dein Auge *einfach* ist, hell-licht ist auch dein ganzer Leib. Wenn es aber bös ist, finster ist auch dein Leib. Achte also darauf, ob das Licht in dir nicht Finsternis ist. Wenn nun dein ganzer Leib hell-licht ist – kein finster Teil an ihm – dann wird er ganz hell-licht sein, wie wenn der Strahl des Blitzes dich erhellt" (Erleuchtung). Ich habe keine einzige Übersetzung gefunden, in der diese Stelle („solange dein Auge *einfach* – griechisch *haplous* – ist") richtig übersetzt wird, – warum: weil wohl den Theologen die Erleuchtungserfahrung fehlt. Je nach Lage des Selbstbewusstseins im Körper kann der Mensch vom Kopf her sehen oder vom Herzen her oder aus der Ursprungs-Mitte („templum", Brennpunkt). Wenn der Mensch mit seinem Bewusstsein von Kopf bis Fuß restlos aufgeht in seiner ursprünglichen, gottgegebenen leiblichen Natur, dann steht er sich selbst nicht mehr gegenüber (Subjekt-Objekt-Spaltung), sondern er schaut sich und alle Dinge aus der *einen* Mitte, in der *jedes* Ding der weiten Welt beschlossen ist. Dann ist sein Auge *einfach* und „die sieben Sinnesorgane sind bloß eine Öffnung"[4] und der ganze Leib ist Licht. Jesus sagt hier ausdrücklich: „Achte also darauf, ob das Licht in dir nicht Finsternis ist." Wo wird das im westlichen Christentum geübt? Aber nur so können wir erfahren, dass wir *ein* Leib und *ein* Geist (Epheserbrief 4,4) sind mit allem im mystischen Leib Christi, in den hinein wir verwandelt werden sollen in der Eucharistiefeier.

Dass wir uns, wenn wir in unsere leere Ursprungs-Mitte kommen, als eins erfahren mit allen Geschöpfen, finden wir bei den Mystikern aller Religionen: „Der erste Friede, der wichtigste, ist der, welcher in die Seele der Menschen einzieht, wenn die Menschen ihre Verwandtschaft, ihre Harmonie mit dem Universum einsehen und wissen, dass im Mittelpunkt der Welt das große Geheimnis wohnt. Und dass diese Mitte tatsächlich überall ist; sie ist in jedem von uns!" (Navajo Indianer).

Erleuchtung

Jetzt können wir auch die oben zitierte Bibelstelle (Lukas 17,22–24) verstehen:

Zu den Jüngern aber sprach er: „Es werden Tage kommen, da ihr danach verlangt, einen der Tage des Menschensohnes zu sehen – und nichts zu sehen bekommt. Und sie werden euch sagen: Da – dort! Da – hier! Geht nicht weg und jagt nicht hinterher. Denn wie der Blitz im Aufblitzen von der einen zur anderen Himmelsgegend strahlt – so wird es mit dem Menschensohn sein an seinem Tag."

Im vorhergehenden Satz des Evangeliums steht, dass die Herrschaft Gottes inmitten von allem ist. Wenn durch Ganzleiblich-Werden der alte Mensch im (Tauf-)Beckenraum aufgelöst und durch Geist und Feuer aus der Ursprungs-Mitte neu geboren wird, schaut er blitzartig sich und alles in dem einen mystischen Leib Christi. Das ist die ursprüngliche und wahre Erleuchtungsnatur des Menschen: „Er ist das wahre Licht, das erleuchtet jeden Menschen" (Johannes 1,9). Das ist, wie wenn in einer stockfinsteren Gewitternacht ein Blitz aufzuckt und restlos alles in Licht taucht. Da gibt es keine Schatten mehr. Denn die Schatten entstehen nur durch eine abgesonderte Bewusstseinslage. Und das ist die Erleuchtung im Zen: „Die wahre Lehre und die Offenbarung der Natur beweist, dass allen Wesen seit Urbeginn der wahre reine Geist ursprünglicher Erleuchtung innewohnt und in seinem hellen, ungetrübten Schein alles klar erkennen lässt. Dies ist die Buddha-Natur" (Tsung-mi, 780–841).

In Christus haben alle echten Religionen Platz

Wenn ich mich nun frage, wie das Zen mein Christsein verändert hat und immer noch verändert, kann ich als ein Mensch, der in vielen Religionen zu Hause ist, nur sagen:

Jetzt aber, in Christus Jesus, seid ihr, die einst (als Heiden) fern wart, nahe gebracht worden durch das Blut Christi. Denn er ist unser Friede; er hat die beiden [Juden und Heiden] in eins verbunden und hat die trennende Scheidewand niedergerissen. (...) So wollte er, Frieden stiftend, in seiner Person die beiden zu einem neuen Menschen umschaffen, und wollte die beiden in einem durch das Kreuz mit Gott versöhnen, indem er in seiner Person die Feindschaft tötete. (Epheserbrief 2,11–22)

Denn „gratia supponit et perficit naturam" („Gnade setzt Natur voraus und vollendet sie"), das heißt: Alle archaischen oder Ursprungsreligionen, deren Wesen es ist, den ursprünglichen oder heilen Menschen, der in und aus Gott lebt, wiederherzustellen, werden vom Christentum vorausgesetzt und finden in ihm ihre Erfüllung. Denn Jesus Christus war nach seinen eigenen Aussagen („Ich bin ...") der Prototyp des heilen Menschen, der „Baum des Lebens inmitten des Paradieses" (1. Buch Mose 2,9), das Bild, „das In-Erscheinung-Treten des unsichtbaren Gottes" (Kolosserbrief 1,15–20), der mit sich selbst und mit allen Geschöpfen *ein* Leib und *ein* Geist ist. Und – was in allen Religionen weltweit und zu allen Zeiten gerade auch im Christentum sehr mangelhaft ist – er wollte „in einem Leib durch das Kreuz mit Gott versöhnen" (Epheserbrief 2,16). So können gerade auch die westlichen kopflastigen Christen sehr, sehr viel von den „Heiden" lernen, um bessere Christen zu werden. Wie auch die Buddhisten, Taoisten, Hindu usw. sehr, sehr viel von Jesus Christus lernen können und es auch im Laufe der Geschichte getan haben.

Da ich religiös zweigleisig, christlich und heidnisch, aufgewachsen bin, habe ich im Laufe der Jahrzehnte (seit 1945) mehr und mehr erfahren, wie fruchtbar und unentbehrlich das Ineinander- und Auseinander-Setzen mit allen Religionen für mein spirituelles Leben geworden ist.[5]

---

[1] Siehe Fußnote 1 und 2 im Artikel von Jeroen Witkam.

[2] Mukosen Miyuki: Die Erfahrung der goldenen Blüte, Bern/München/Wien 1984, S. 115.

[3] Zeitschrift „Morgenland", Nr. 28 (1936), S. 50.

[4] Mukosen Miyuki: Die Erfahrung der goldenen Blüte, Bern/München/Wien 1984, S. 147.

[5] Siehe dazu auch die Veröffentlichungen von Detlef Witt: „Erneuerung durch Meditation" und „Die Evolution der menschlichen Gottesbeziehung".

Doris Zölls

geb. 1954, evangelische Theologin und Pfarrerin; seit 2003 spirituelle Co-Leiterin des Benediktushof in Holzkirchen bei Würzburg. Zen-Schulung unter Zen-Meister Willigis Jäger, Zen-Lehrerin der Sanbô Kyôdan-Schule.

Dieser eine Atemzug

Begreifen und Erleben

Die Frage, wie Zen mein Christsein verändert, möchte ich umwandeln in die Frage: Wie hat sich mein Leben durch Zen verändert? Zen möchte keine Lehre sein wie das Christentum. Zen lebt vom lebendigen Augenblick, der sich nicht wiederholen und auch nicht festhalten lässt. Im Mittelpunkt steht die Erfahrung und kein philosophisches Konzept. Im Zen geht es um die Bedeutung und Struktur menschlicher Erfahrung, die nicht nur den Menschen selbst, sondern das ganze Universum erfasst. In diese Erfahrung einzutauchen und sie zu begreifen, das ist das Anliegen des Zen.

Daher scheint es widersprüchlich zu sein, über Zen zu schreiben, ist das ja wieder nur eine Beschreibung des Lebens und nicht das Leben selbst. Doch auch wenn die Erfahrung jenseits unserer Sprache und Begriffe liegt, haben immer wieder Zen-Meister versucht darzulegen, wie es zu dieser Erfahrung kommt und welche Konsequenzen daraus folgen.

Dies taten sie jedoch stets in Bildern und Geschichten. Unter diesen Zen-Geschichten gibt es die so genannten „Koan". Diese spielen in der Zen-Schulung eine entscheidende Rolle. Sie erzählen von einer alltäglichen Schüler-Meister Begegnung, die auf den ersten Blick völlig absurd erscheint und mit dem diskursiven Denken nicht zu verstehen ist. Der Schüler vertieft sich durch die Sitz-Meditation (Zazen) in sein Koan, bis er sein Vernunftdenken durchbricht und die „Lösung" erfährt. Er soll dadurch gezwungen werden, alles begriffliche Denken aufzugeben und dessen einengende Struktur zu sprengen.

Unser Denken bringt die Gefahr mit sich, Konzepte und Vorstellungen vom Leben zu entwerfen, an denen wir Menschen uns festhalten und dabei die Wirklichkeit verfehlen. Zen betont, in die Wirklichkeit durch Erfahren bzw. Erleben einzutauchen, und sagt: Es besteht ein gravierender Unterschied zwischen dem Begreifen und Erleben. Jeder kann diesen Unterschied erfahren, was es etwa bedeutet, das Drachenfliegen erklärt zu bekommen oder oben auf dem Berg zu stehen und den Absprung zu wagen.

Zen ist keine Religion oder Philosophie. Zen verlangt keinen Glauben und setzt nichts voraus. Zen konzentriert sich ausschließlich auf diese wahrnehmbare Welt und wird dadurch zum Leben selbst. Diese Erfahrungen, die ich durch meine Zen-Übung mache, kann ich zwar von meinem christlichen Glauben her deuten und interpretieren, doch diese Deutungen haben im Grunde nichts mehr mit Zen zu tun. Wenn ich daher die Frage beantworten soll, wie Zen mein Christsein verändert, möchte ich auf mein Leben hinweisen, das durch Zen eine neue Ausrichtung bekommen hat.

Die Wirklichkeit anders erfahren

Aufgewachsen bin ich im katholischen Oberbayern. Meine Familie war evangelisch und ich erlebte als Kind und Jugendliche ein engagiertes protestantisches Elternhaus. Jeden Abend wurde im Kreise der Familie eine Andacht gefeiert und sonntags ging man regelmäßig zum Gottesdienst. Meine Eltern waren in der Kirchengemeinde rege tätig, so dass das kirchliche Leben immer präsent war, und auch wenn wir in den Urlaub fuhren, dann war dies immer im Rahmen kirchlicher Einrichtungen, so dass uns auch dort Andachten, Gottesdienste und Bibelstunden begleiteten. Ich besuchte eine noch evangelische Grundschule und später ein katholisches Gymnasium, in dem wir in der Klasse nur vier evangelische Schüler waren. Mein Alltag als Kind und Jugendliche war religiös geprägt, doch nicht ganz widerspruchslos. Ich hatte katholische Freundinnen, durch die ich auch an deren katholischem Leben teilhatte, das mit viel Erleben verbunden war. Ich begleitete sie nämlich bei ihren Gottesdienstbesuchen und war bald in der einen wie in der anderen Tradition zu Hause, aber auch hin und her gerissen. Ich erfuhr die evangelische Seite als klar, eindeutig und fordernd, ethisch für sein Leben Verantwortung zu übernehmen, die katholische Seite hingegen nicht so eindeutig, aber auch nachgiebiger und erlebbarer.

Trotz aller Zweifel und Hinterfragungen, wie der religiöse Anspruch in der Welt zu verwirklichen sei, führte mich mein Weg zum Theologiestudium. Mit den religiösen Inhalten, die ich als Kind und Jugendliche unbewusst vermittelt bekommen habe, setzte ich mich jetzt intellektuell auseinander. Rationalität stand dabei im Vordergrund. Einen hohen ethischen Anspruch stellte ich an das Christsein und sah die Christusnachfolge im Dienst am anderen. So kam ich sehr schnell an meine Grenzen. Die Kräfte reichten nicht aus, die Enttäuschung, hinter dem Anspruch zurückzubleiben, war unumgänglich. Die Schuldfrage tauchte auf. In dieser Zeit begegnete ich dem Zen.

Wie oben schon erwähnt, ist das Sitzen in der Stille, Zazen genannt, eine grundlegende Übung. Bei diesem „nur Sitzen“ übt man sich, ganz im Augenblick zu sein, sei es durch Fokussierung der Gedanken auf einen Punkt, entweder durch Konzentration auf den Atem oder ein Wort bzw. Koan oder durch die Übung der reinen Wahrnehmung.

Das traditionelle Gebet, der Gottesdienst hatten mich die Jahre hindurch begleitet. Doch jetzt erkannte ich zum ersten Mal, dass sie immer eine Bitte, ja fast schon eine Forderung beinhalteten, die Welt, so wie sie ist, zu verändern. Meine Vorstellungen, wie die Wirklichkeit sein sollte, waren die Inhalte der Gebete. Auch wenn im Vaterunser „Dein Wille geschehe“ gesprochen wurde, folgten bei den Fürbitten sogleich unsere Wünsche. Nun erfuhr ich durch das Sitzen in der Stille, was Sören Kierkegaard in seinem Handbuch zur Seelsorge über das Gebet schrieb: „Als mein Gebet immer andächtiger und innerlicher wurde, da hatte ich immer weniger und weniger zu sagen. Zuletzt wurde ich ganz still. Ich wurde, was womöglich noch ein größerer Gegensatz zum Reden ist, ich wurde ein Hörer. Ich meinte erst, Beten sei Reden. Ich lernte aber, dass Beten nicht bloß Schweigen ist, sondern Hören. So ist es: Beten heißt nicht, sich selbst reden hören. Beten heißt: still werden und still sein und warten, bis der Betende Gott hört.“

Doch durfte ich erfahren, dass Zen noch weiter führt: Wenn ich ganz das Hören bin, dann gibt es kein Hören mehr, kein Ich, das hört, und es gibt auch nichts mehr, das gehört wird. Subjekt und Objekt werden eins. Das, was ich die Jahre über gedacht und gepredigt hatte, wurde auf einmal Realität. Mir erging es ähnlich einem Menschen, der immer davon geredet hat, wie Tee schmeckt und dann zum ersten Mal Tee trinkt. Die Worte Jesu wurden Wirklichkeit: „Ich und der Vater sind eins." Sie waren nicht nur intellektuell nachvollziehbar, sondern erlebbar. Diese Erfahrung der Einheit lässt mich die Wirklichkeit vollkommen anders erfahren.

Dies möchte ich an der Geschichte von der Verklärung Christi noch näher beschreiben. Jesus ging mit Petrus, Johannes und Jakobus auf den Berg Tabor, den heiligen Berg, um zu beten. Menschen suchen heilige Orte auf, um dort Gott näher zu sein. Sie sind Symbole der Kraft und Stärke, Orte des Unerforschlichen und Unnahbaren. Und ihre Besteigung ist mühselig und gefährlich. Der Zen-Weg ist solch einer Besteigung gleich. Wer ein Sesshin, eine Woche der intensiven Zen-Übung, mitmacht, kann dem gut zustimmen. Man glaubt oft, der Rücken breche ab und die Knie gingen kaputt. Am Abend fühlt man sich erschöpft, wie nach einer schweren Bergtour. Und jeder Extrembergsteiger erzählt, welcher Anstrengung es bedarf, nicht in Halluzinationen oder Wahnvorstellungen zu verfallen. Sie müssen sich zwingen, nur diesen einen Schritt zu gehen. Beim Zazen geht es nur um diesen einen Atemzug. Und es kann einen wahnsinnig machen, wenn man immer daran denkt: „Hoffentlich bin ich bald oben, hoffentlich ist es bald zu Ende."

Auf einen Berg gehen und beten heißt, sich auf den Weg machen, sein Ich, das immer etwas will und sein möchte, abzuschleifen und nur bei dem einen Schritt zu sein. Nicht zu fragen, was habe ich schon alles hinter mich gebracht, wann bin ich endlich dort. Es zählt nur dieser eine Schritt, dieser eine Atemzug. Dann auf einmal kann es leicht werden und unglaubliche Kräfte durchströmen einen.

Die Jünger durften dieses Erlebnis haben. Sie waren den Berg hochgestiegen, sie haben sich ganz dem Augenblick hingegeben. Sie wollten nichts mehr, sie waren einfach nur da. Und da riss der Wolkenvorhang der Gedanken auf. Sie erlebten etwas, das mit Worten nicht zu beschreiben ist.

Eins sein und all eins

Es gibt im Zen ein Koan, da kommt ein Mönch zu seinem Meister und beschreibt seine Erleuchtung mit den Worten: „Meister, ich bin einsam und allein." Nach unserem Verständnis klingt das im ersten Moment gerade widersinnig, verbinden wir doch mit diesen beiden Worten gerade das Gegenteil von Glück. Doch lauschen wir den Worten nach, so klingt in beiden der Sinn mit: eins sein und all eins sein. Seine tiefe Erfahrung ließ den Mönch das Einssein mit allem erfahren. Da heben sich Zeit und Raum auf, und alle Formen verlieren ihre Starrheit, sie fließen in ein „Ich bin".

Diese Erfahrung machten auch die Jünger auf dem Berg Tabor und die Schrift beschreibt diese natürlich mit den Worten und Bildern ihrer Sprache. Mose und Elija erscheinen neben Jesus und sprechen über das, was in Jerusalem geschehen wird. Das heißt, Mose und Elija gehören ja eigentlich der Vergangenheit an, sie aber sind in der Vision der Jünger mit Jesus gegenwärtig, und ebenso die Zukunft, die sich erst in Jerusalem ereignen wird, ist jetzt schon erfahrbar. Die Jünger drücken damit ihre Erfahrung der Einheit aus, die Tod und Leben übersteigt, die in der Zeit erlebt werden.

Und die Jünger sehen Jesus in einem gleißenden Licht. Er verliert seine Gestalt. Sie erfahren, dass Formen und Bilder verschwinden. Diese Erfahrung ist mit den „äußeren Augen" nicht zu fassen, sondern führt in ein viel tieferes Schauen. Die Jünger, die bis dahin schliefen, das heißt solch eine Erfahrung noch nie hatten, erwachten und konnten diese Einheit erleben. Es war ein Augenblick, der ihnen den Blick weitete und schon wollten sie ihn festhalten: „Lasst uns Hütten bauen." So nennt Petrus seinen Versuch, diese Erfahrung festzuhalten. Doch in dem Moment legte sich eine Wolke über sie.

Wir kennen vom Zen her diese Beschreibung, dass Wolken den klaren Himmel bedecken. Damit wird ausgedrückt, dass unsere Gedanken die Wirklichkeit verschleiern und wir sie nicht mehr wahrnehmen können. Doch bevor die Erfahrung ganz weicht, hören die Jünger noch eine Stimme, die Jesus als Gottes Sohn erweist.

Gott manifestiert sich in Jesus, aber Jesus, wie ihn die Jünger erfahren haben, ist nicht getrennt von allem, nein er ist eins mit dem ganzen Kosmos, in ihm verschmilzt die Zeit.

Hört daher auf ihn, wird den Jüngern gesagt. Jeder Augenblick, jeder Moment alles ist Ausdruck dieses Einen. In allem wirkt Christus. Dies nötigt uns zur Achtsamkeit. Wenn wir in allem Christus begegnen, wie kann es da noch Trennung geben, wie Abgrenzung, wie Ausgrenzen? Eine solche Erfahrung anderen zu erzählen, ist fast nicht möglich, ist sie doch unserem Alltagsbewusstsein so fremd. Doch in unserem Leben lässt es sich zeigen. Alles ist eine Begegnung Christi mit Christus. Alles wird heilig, nichts mehr ist profan, heilig ist profan und profan ist heilig. In allem erweist sich Christus. Daher ist Achtsamkeit die entscheidende Übung des Zen.

Achtsamkeit, Achtsamkeit, Achtsamkeit

Dies zeigt ein Koan in eindrücklicher Weise:

Eines Tages fragte jemand Ikkyu: „Meister, könnt ihr mir bitte die Grundzüge der höchsten Weisheit niederschreiben?" Ikkyu griff sofort zu Tinte und Pinsel und schrieb: „Achtsamkeit." „Ist das alles?", fragte der Mann etwas enttäuscht. „Könnt ihr dem nicht noch etwas hinzufügen?" Ikkyu schrieb daraufhin: „Achtsamkeit, Achtsamkeit." „Nun", sagte der Mann in leicht gereiztem Ton, „in dem, was ihr geschrieben habt, kann ich nicht viel Tiefes entdecken; gibt es nichts anderes zur höchsten Weisheit zu sagen?" Daraufhin schrieb Ikkyu dreimal hintereinander das gleiche Wort: „Achtsamkeit, Achtsamkeit, Achtsamkeit." „Was bedeutet das Wort Achtsamkeit eigentlich", wollte der Mann nun gänzlich verärgert wissen. „Achtsamkeit bedeutet Achtsamkeit", sagte Ikkyu mit sanfter Stimme.

Achtsamkeit ist die reine Wahrnehmung dessen, was ist. Da gibt es kein Ich mehr, das der Welt gegenübersteht. In der Achtsamkeit lasse ich mich ganz auf die Wirklichkeit, das Wirken Gottes ein. Und darin werde ich meiner selbst bewusst, erfahre ich mein wahres Wesen. Die Bitte des Vaterunser „Dein Wille geschehe" realisiert sich in der Übung der Achtsamkeit. Es ist kein Gebot, das zu befolgen ist, sondern entspringt aus der Erfahrung der Einheit. Nächstenliebe, Mitgefühl sind nicht mehr aufgetragen, sondern sie ergeben sich aus dem Gewahrwerden dessen, was wir sind. Daher drückt sich die Erfahrung der Einheit in der Achtsamkeit aus und mündet im Mitgefühl und der Nächstenliebe.

Das Gleichnis vom barmherzigen Samariter kommt mir dabei immer wieder in den Sinn: der Samariter, der achtsam seinen Weg geht. Er wird nicht von seinen Gedanken, Konzepten und Vorstellungen abgelenkt und übersieht dadurch nicht den Augenblick, sich dem Verletzten zuzuwenden. Der Priester und der Levit hingegen sind in ihren Konzepten und Vorstellungen verhaftet und verfehlen damit die Forderung des Augenblicks.

Im Fluss bleiben

Hänge ich nicht meinen Konzepten und Vorstellungen an, wie die Wirklichkeit auszusehen hat, trete ich aus dem diskursiven Denken heraus. Dadurch übersteige ich alle Dualität von gut und böse, von Leben und Tod, Himmel und Hölle. Sie stehen sich nicht gegenüber, sondern erweisen sich als die momentane Manifestation dieser einen Wirklichkeit:

Ein Samurai kam eines Tages zu einem Meister und fragte ihn: „Gibt es Himmel und Hölle?“ Der Meister begann den Samurai zu beleidigen, dass so einer wie er doch nie ein richtiger Krieger sein könne. Zorn stieg in dem Samurai auf und er griff zu seinem Schwert und zückte es. „Siehst du“, sagte der Meister, „jetzt tut sich die Hölle auf.“ Da merkte der Samurai, dass ihn der Meister auf die Probe gestellt hatte und steckte sein Schwert wieder in die Scheide. „Nun zeigt sich der Himmel“, meinte lächelnd der Meister.

Wir leiden, weil unsere Vorstellungen nicht mit der Wirklichkeit übereinstimmen, und es fällt uns schwerer, unsere Bilder loszulassen, als die Wirklichkeit anzunehmen. Zu gerne möchten wir die Wirklichkeit ändern, statt unsere Wunschvorstellungen. Wir haften an den Erscheinungsformen, nehmen diese als bleibend und erkennen dadurch nicht das wahre Wesen alles Seienden. Das wahre Wesen jedoch liegt hinter der Erscheinungswelt. So wie es der Physiker Gary Zukav ausdrückt: „Die subatomare Welt ist ein andauernder Tanz von Schöpfung und Masse. Flüchtige Formen werden plötzlich existent und verschwinden wieder – eine niemals endende, immer neu sich schaffende Wirklichkeit.“

Diese Wirklichkeit zeigt sich in unendlichen Erscheinungsformen und ist doch, wie der Zen es ausdrückt, leer. In Leben und Tod erscheint uns das wahre Wesen. Sich die Frage nach Leben und Tod zu stellen, heißt daher, zu dieser Wirklichkeit durchzudringen, mit ihr bewusst eins zu werden. Unser Leben spielt sich immer in dem Wechselspiel von Leben und Tod ab. Jeder Augenblick stirbt und entsteht sofort wieder neu. Diese Wandelbarkeit zeigt die Nicht-Existenz der Form und dennoch ist sie nicht nur Illusion, Gespinst des Gehirns, sondern in jeder Form manifestiert sich die ganze Wirklichkeit.

Durch diese Erfahrung erschließt sich der Kreuzestod Jesu und seine Auferstehung neu. Gott manifestiert sich im Gekreuzigten und Gefolterten, er umfasst Leid und Tod. So wird die Aussage „wir sind auch im Leid in Gott geborgen" nicht nur ein Glaubenssatz, sondern real erfahrbar.

Sich nicht am Vergangenen festhalten und sich nicht in den Träumen über die Zukunft verlieren, heißt, im Fluss bleiben und sich der Wirklichkeit, der sich ständig verwandelnden Dinge, gewahr sein. Diese Achtsamkeit, die Wirklichkeit bewusst zu schauen, wird im Zen geübt. Daher ist Zen der Blick auf das wahre Wesen der Dinge, nicht wie sie waren oder sein werden, sondern wie sie im Hier und Jetzt sind. Dies ist nicht das Produkt des Intellekts, es ist die reine Wahrnehmung, in der das Einssein mit dem Hier und Jetzt erfahrbar wird.

Albert Einstein hat dies in seinen Worten beschrieben und damit den Weg des Zen aufgezeigt: „Der Mensch ist ein Teil des Ganzen, das wir Universum nennen, ein in Raum und Zeit begrenzter Teil. Er erfährt sich selbst, seine Gedanken und Gefühle als getrennt von allem anderen – eine optische Täuschung des Bewusstseins.

Diese Täuschung ist wie ein Gefängnis für uns, das uns auf unsere eigenen Vorlieben und auf die Zuneigung zu wenigen uns Nahestehenden beschränkt.

Unser Ziel muss es sein, uns aus diesem Gefängnis zu befreien, indem wir den Horizont unseres Mitgefühls erweitern, bis er alle lebenden Wesen und die gesamte Natur in all ihrer Schönheit umfasst."

Nachwort

Zen im Christentum – Konfliktpunkte und Klärungsansätze

Michael Seitlinger

Buddha in christlichen Landen

Dass Religion und Spiritualität heute in einer rasanten Entwicklung begriffen sind, dass Vorstellungen von Religion, die gestern noch als unverbrüchlich im Raum gestanden haben, heute nur mehr schwer vermittelbar sind oder mit gleichgültigem Desinteresse bedacht werden, ist vielfach zu beobachten. Dem steht ein anders ausgerichtetes, wachsendes Interesse an Religion und Spiritualität gegenüber: ein Interesse an religiöser Erfahrung, an persönlicher Spiritualität und Mystik, das nicht zuletzt durch die asiatische Meditationsweisheit inspiriert ist. Dabei spielen die Anregungen aus dem Buddhismus keine unwichtige Rolle. Von ihm geht offensichtlich eine nachhaltige Anziehungskraft aus. Man kann dazu stehen wie man will, die einen sehen darin eine Chance, dass alte verkrustete Strukturen aufbrechen und einer neuen Spiritualität Platz machen, andere weisen diese Einflüsse als Religionsvermischung zurück. Jedenfalls sind die über viele Jahrhunderte erprobten Meditationspraktiken, die der Buddhismus anzubieten hat, gefragt. Neben den Übungspraktiken des Theravada-Buddhismus und des tibetischen Buddhismus erfreut sich die Zen-Meditation aus dem japanischen Zen-Buddhismus großer Beliebtheit und weiter Verbreitung.

Das Interesse an der Meditation ist nun keine isolierte Erscheinung. Sie steht – wie erwähnt – im Zusammenhang mit einer in den vergangenen Jahrzehnten zunehmenden Suche nach persönlicher religiöser Erfahrung sowohl innerhalb des Christentums als auch auf dem offenen Feld neu entstandener religiöser Strömungen. Selbst auf dem Gebiet der wissenschaftlichen Theologie wird dieser Entwicklung Rechnung getragen. So spricht etwa Eugen Biser, ehemals Inhaber des Romano Guardini-Lehrstuhls an der Universität München, von einer „glaubensgeschichtlichen Wende“[1]. Karl Rahner, den man zu den bedeutendsten Theologen des 20. Jahrhunderts zählen darf, hat sich in prophetischer Voraussicht bereits in den 60er Jahren des 20. Jahrhunderts in einem vielfach zitierten Wort entsprechend geäußert: „... der Fromme von morgen wird ein ‚Mystiker‘ sein, einer, der etwas ‚erfahren‘ hat, oder er wird nicht mehr sein.“[2]

Eine besondere Schubkraft bekommt dieses steigende Interesse an mystischer Spiritualität durch die Präsenz hinduistischer und buddhistischer Denk- und Meditationskultur im Westen. Einige Christen haben die Begegnung mit diesen außerchristlichen Traditionen in besonderer Weise gesucht – im Dienst der Vertiefung ihres eigenen spirituellen Lebens. Für die Wegbereiter dieses existenziellen interreligiösen Dialogs von christlicher Seite insbesondere mit den mystisch geprägten Religionen Süd- und Ostasiens stehen Namen wie etwa die Benediktinerpatres Henri Le Saux und Bede Griffiths, der katholische Priester und Religionswissenschaftler Raimon Panikkar oder der Trappistenmönch Thomas Merton und eben auch der Jesuitenpater Hugo Enomiya-Lassalle, der große Pionier der Zen-Meditation im christlichen Raum.

Die Zen-Meditation hat für die spirituelle Praxis im Christentum weitreichende Impulse gegeben und dabei auch Einfluss genommen auf das Verständnis des christlichen Glaubens. „Eine gewisse ‚Doppelbeheimatung‘ in Christentum und Buddhismus ist für viele engagierte Christen keine Seltenheit mehr“[3], bemerkt der Religionswissenschaftler Michael von Brück. Es treten in Zusammenhang mit der im Christentum praktizierten Zen-Übung und ihrer theologischen Einordnung aber auch immer wieder Fragestellungen hervor, welche die Vereinbarkeit des aus dem buddhistischen Hintergrund stammenden Zen mit dem Christentum zum Thema machen. Gefordert dabei ist eine sorgfältig und differenziert zu führende Auseinandersetzung: eine Auseinandersetzung, die den frischen Wind der neu aufkeimenden Spiritualität in sinnvollen Bezug zu althergebrachten Anschauungen christlicher Tradition bringt – durchaus in kritischer Wechselseitigkeit.

Konflikte – welche?

Wenn man fragt, welche Positionen zur Integration der Zen-Meditation ins Christentum zu finden sind, kann man eine deutliche Polarisierung wahrnehmen. Auf der einen Seite wird in der Zen-Meditation ein Weg erkannt, die mystische Tiefe des Christentums wieder zu entdecken. Das geschieht manchmal in einer pauschalen Kritik an traditionellen christlichen Vorstellungen. Auf der anderen Seite sieht man sich genötigt, die „fremden“ Einflüsse aus dem Zen als unvereinbar mit dem Christentum abzuwehren.

Diese schlichte Polarisation habe ich persönlich nie wirklich stichhaltig gefunden, auch wenn ich mich mit der mystisch-spirituellen Aufbruchsbewegung identifiziere. Zuweilen habe ich mir angesichts dieser Irritation gesagt, dass diese Konfrontation nicht so wichtig sein könne. Sie sei ja ohnehin nur ein Gedankengefecht ohne jeden spirituellen Mehrwert, da das Eigentliche jenseits der Formulierbarkeit liege.

Aber der Widerwille gegen diese schlichte Polarisierung hat mich nicht wirklich in Ruhe gelassen. Ich habe mir überlegt, was sich da eigentlich abspielt, und mit vielen Leuten darüber gesprochen, wie sie diese Kontroverse einschätzen, die mit der Übung des Zen im Christentum immer wieder auftaucht. Aus diesem Hintergrund heraus ist dieses Nachwort entstanden. Es ist ein Versuch, die zentralen Konfliktpunkte herauszustellen und Klärungsansätze aufzuzeigen. Grundsätzlich ist meine These, dass die Konfliktpunkte im Wesentlichen auf zwar nachvollziehbaren, aber nichtsdestoweniger fragwürdigen Gegenüberstellungen beruhen. Vielleicht muss in Rechnung gestellt werden, dass bei religiösen Aufbruchsbewegungen eine spannungsreiche, kontrastierende Gegenüberstellung unvermeidbar ist, um das Neue oder Wiederentdeckte markant herauszustellen, auch wenn die Gefahr besteht, sich in einseitigen Zuspitzungen zu verrennen, wenn man sie absolut setzt.

Die Konflikte, die ich nun genauer unter die Lupe nehmen möchte, scheinen mir – bestätigt im Gespräch mit vielen anderen – auf folgenden Feldern zu liegen: „Erfahrung und Sprache", „Einheit und Vielheit", „Personalität und Transpersonalität" und „religiöse Sprachebenen". Bei genauerem Zusehen ist unschwer zu erkennen, dass alle Punkte miteinander zusammenhängen. Sie sind gleichsam Aspekte und Perspektiven ein und derselben Kontroverse.

Der Mond und der Finger, der zum Mond zeigt – Erfahrung und Sprache

Vielfach wird von Vertretern des Zen gesagt, dass die letzte Wirklichkeit eine Sache reiner Erfahrung und daher mit Worten nicht auszudrücken sei. Das findet sich in schlagender Wiederholung in vielen religiösen Traditionen der Mystik: „Mit dem Frosch im Sumpfloch kann man nicht über den Ozean sprechen", heißt es etwa in einem Zen-Wort, oder: „Der Erfahrene ist wie ein Stummer, der einen Traum hatte und ihn sprachlos nur für sich selbst kennt."

Auf christlicher Seite gibt es ebenso prominente Beispiele. Der bedeutendste christliche Denker des Mittelalters,

Thomas von Aquin (1225–1274), kommt am Ende seines Lebens in der Morgenmesse am 6. Dezember 1273 zu einer tiefen Erfahrung, seit der er abrupt aufgehört haben soll, an seinem ohnehin schon umfangreichen theologischen Werk weiterzuschreiben. Er zieht einen Weggefährten ins Vertrauen, der später seine Worte an ihn wiedergibt: „Versprich mir bei dem lebendigen, allmächtigen Gott und deiner Treue zu unserem Orden und bei deiner Liebe zu mir, dass du niemals, so lange ich lebe, das verraten wirst, was ich dir nun sage. Alles was ich geschrieben habe, kommt mir wie Stroh vor im Vergleich zu dem, was mir jetzt offenbart worden ist."[4]

Diese Aussagen kommen nicht von ungefähr. Es ist die ungeheuer umwälzende Wucht tiefer mystischer Erfahrung, die diese Absage an eine angemessene Abbildung von Erfahrung in Sprache begründet und rechtfertigt. Doch in dieser Feststellung liegt oft so viel Engagement, dass man sich fragt, woher die Energie kommt, wenn doch jede Aussage gegenüber der gemeinten Erfahrungstiefe ohnehin irrelevant sein soll.

Wenn denn angesichts der überwältigenden mystischen Erfahrung jeder sprachliche Ausdruck gleichgültig wäre, müsste es von seiten der Mystik vollkommen unerheblich sein, was man sagt, dann bräuchte man auch gar nichts zu sagen.

Also doch: Der Finger, der zum Mond zeigt, ist zwar nicht der Mond, aber er ist dem Mond offensichtlich auch nicht so äußerlich, dass es völlig gleichgültig wäre, wo er hinzeigt. Darüber muss vielmehr immer wieder gestritten werden und faktisch geschieht das ja auch – selbst unter Zen-Lehrern! Das heißt, die Sprache, die Hinweis und Ausdruck sein will, hat bei aller Unangemessenheit einen inneren Bezug zu einer wie auch immer gemeinten letzten Wirklichkeit. Das ist im Übrigen nichts Neues, selbst innerhalb der katholischen Lehre: Das Laterankonzil von 1215 formuliert in der Lehre von der „Analogie des Seins" sinngemäß, dass die Angemessenheit einer Rede von Gott von einer immer noch größeren Unangemessenheit überboten wird.

Es geht hier um eine Integrationsaufgabe, wie der Theologe Schwienhorst-Schönberger zu dieser Frage des Verhältnisses zwischen Theologie und Mystik auf einer Tagung zu eben diesem Thema anmahnt[5]. Zu Recht gibt er zu bedenken, dass ein mystischer Weg und mystische Erfahrung auch reflexiv eingeordnet werden wollen – im kommunikativen und kulturellen Gedächtnis der Tradition. Es geht ja nicht um eine „abgetrennte Erfahrung", sondern um die Integration von Erfahrung in unsere vielfältige Lebenswelt. Und da muss mit den sprachlichen Ausdrucksformen und ihrer Bedeutung vorsichtiger umgegangen werden als es meiner Beobachtung nach bisweilen geschieht – auch um in der Welt der Theologie das angemessene und notwendige Gehör zu finden.

Hier ist vielleicht noch eine Unterscheidung im Sprachgebrauch angebracht. Für die konkrete spirituelle Begleitung kann eine mystagogische Sprache ganz und gar angemessen sein, eine Sprache, die „sich selbst aufbricht" in paradoxen Ausdrücken, um über sich hinaus auf die von ihr gemeinte Erfahrung hinzuführen. Für eine halbwegs systematische Darstellung von Zusammenhängen scheint mir dieser Sprachgebrauch wenig hilfreich, auch wenn selbst eine akademisch reflektierte Rede von Gott oder letzter Wirklichkeit ihre Vorläufigkeit mitformulieren muss, um nicht einem Götzendienst der Worte aufzusitzen.

Es ist also wichtig, die Sprache, den Ausdruck, das Nachdenken bei aller Mystik nicht einfach mit einem Handstreich vom Tisch zu wischen. Andererseits bietet die christliche Theologie oft genügend Anlass für die Skepsis von Mystik-Vertretern gegenüber der Sprache. Sie wirkt – und ist wohl auch – über weite Strecken hinweg so ausgedünnt von Erfahrung, dass ihr kaum mehr ein geistlicher Inhalt anzumerken ist. Auch ist vielen christlichen Theologen die Angst, den Raum jenseits sorgsam gehüteter Unterscheidungen zu betreten, unschwer anzumerken. Hier spiegelt sich dem Blick von außen eine tiefgehende Fixiertheit auf Gedanken wider, eine

Art theologischer Götzendienst, gegen die viele Befürworter der Mystik zu Recht ankämpfen.

Umgekehrt kann es problematisch werden, wenn sich eine Erfahrungsautorität etabliert, die sich von jeglicher Anfrage abschottet: wenn man über das Gemeinte nicht mehr reden und streiten darf, weil die Autorität allein bei den „Erfahrenen" liegt. Ab welcher Erfahrungstiefe soll das gelten und wer möchte darüber letztgültig befinden, wenn selbst Zen-Lehrer darüber geteilter Meinung sind? So völlig selbstsprechend kann eine (auch tiefe) Erfahrung also nicht sein. Man bedenke den vielsagenden Umstand, dass im Zen eine Erfahrung sogar in der Schüler-Meister-Beziehung bestätigt werden muss, um „wirklich" zu sein. Was die Erfahrung für das alltägliche Leben mit seinen unterschiedlichen Anforderungen bedeutet, ist damit auch noch gar nicht beantwortet.

Dass Sprache auch Erfahrungen hervorrufen kann und ebenso ein mehr oder weniger gelungener Spiegel derselben ist, davon geben die vielen wunderbaren Rezitationstexte im Zen Zeugnis, die genau zu diesem Zweck verwendet werden!

So wird deutlich, dass eine jeweils überzogene Skepsis gegenüber sprachlichem Ausdruck einerseits und Erfahrung andererseits einander bedingen und sich gegenseitig hochschaukeln können. Beide Seiten tendieren in dieser Dynamik zu einer ideologischen Einseitigkeit. Richtig verstanden müsste es diesen Graben nicht geben. Aber vielleicht muss es diese Phase der überzogenen Kontrastierung eben doch geben, damit das jeweilig (neue) Anliegen deutlich genug in Erscheinung tritt, bis wieder eine ausbalancierte Synthese gefunden werden kann. Vielleicht kann also das Denken in dynamischen Entwicklungsphasen eine Hilfe sein, um das zunächst Unversöhnliche in dieser Kontroverse zu verstehen.

Auch hier treffen wieder überstrapazierte Konfrontationsstellungen aufeinander. Vertreter der Mystik reden vor allem von der Einheit des Seins und stellen die Differenzen zurück. Mystik-Skeptiker warnen dagegen vor einem alles einebnenden Einheitsbrei, in dem lebenswichtige Unterscheidungen untergehen. Doch wenn von Zen-Vertretern mit Nachdruck die Einheit bzw. die Einheitserfahrung in den Vordergrund gerückt wird, dann wohl auch wieder, weil das die weniger bekannte, noch zu findende Dimension auf der religiösen Suche ist. Die Vielheit ist uns vertraut. Aber letztendlich ist doch – übrigens auch ganz im Sinn des Zen – beides gemeint, die Einheit und die Vielheit. Ein Zen-Lehrer hat es einmal so ausgedrückt: Am Anfang des Erfahrungsweges ist es so, wie wenn man in einen Töpferladen kommt und nur die verschiedenen Tongefäße sieht. In einer mystischen Erfahrung sieht man plötzlich überall den einen Ton. Aber am Ende geht es darum, ganz den einen Ton zu sehen und zugleich die verschiedenen Tongefäße. Bleibt man in der Einheit hängen, spricht man im Zen sogar von einer Zen-Krankheit!

Daher ist die forcierte Rede von der Einheit vielleicht manchmal zu einseitig und leistet falschen Vermutungen Vorschub. So meinen die Kritiker des Einheitsdenkens, dass mit einem solchen Weg, der in die Einheitserfahrung führen will, das ganze Leben in einen grauen, nebeligen Gleichgültigkeitstaumel und Einheitsbrei führt, in dem es auf keiner Ebene mehr sinnvolle Unterscheidungen gibt und alles sinnlos durcheinander purzelt. Doch dieser Verdacht lässt sich an einem einfachen Beispiel leicht entkräften: Jemand in tiefer Einheitserfahrung wird beim Essen einer Mahlzeit kaum Besteck und Nahrung miteinander verwechseln. Zumindest habe ich noch nie von einem Zen-Übenden gehört, der an einer Gabel erstickt wäre, was aber nicht verwunderlich wäre, wenn alles auf eine ganz simpel verstandene Weise „eins" wäre. Was ich damit sagen will ist, dass bei aller Einheit die gewöhnlichen Lebenszusammenhänge nicht völlig verloren gehen, sondern auf ihrer jeweiligen Ebene Gültigkeit behalten.

Auf der anderen Seite sind die trennend-dualistischen Tendenzen faktischer kirchlicher Rede von Gott und Welt unverkennbar: also hier der Mensch und dort, „in einiger Entfernung", Gott – Gottesbeziehung wird vermittelt durch Kirche und Gebet. Dagegen werden die Vertreter des Zen und der Mystik nicht müde, eine viel intensivere Intimität zwischen Gott und Mensch bzw. Welt anzumahnen. Selbst die heilige Teresa von Avila (1515–1582), an deren ausgesprochen christlicher Grundhaltung wohl kein Zweifel bestehen kann, formuliert in der Darstellung ihres mystischen Wegs die letzte Vertiefung so: „Bei der mystischen Vermählung aber ist es, wie wenn Wasser vom Himmel in einen Fluss oder Brunnen fällt, wo die beiden Wasser so eins werden, dass sie nicht mehr voneinander geschieden werden können; oder wie wenn ein kleines Bächlein sich ins Meer ergießt, wobei eine Ausscheidung seines Wassers nicht mehr möglich ist."[6] Solche Bilder als bloßen poetischen Gefühlsüberschwang mystischen Erlebens abzutun, das aber keiner tiefen Einheit des Seins entspreche, scheint mir eine wenig bestechende Argumentation christlicher Theologen zu sein, derartige Vorstellungen abzuwehren.

Der Theologe Gotthard Fuchs bringt es treffend zum Ausdruck, wenn er sagt, dass die Kirche eine „nahezu neurotische Angst vor Pantheismus" hat.[7] Von der reflektierten christlichen Theologie ist ein etwaiger Dualismus nicht gedeckt. Andererseits ist ein zu schlichter Einheitsgedanke (der die Vielheit dualistisch abspaltet!) auch keine Lösung. Hier bilden unangemessene Einseitigkeiten einen Graben, der die Fronten auseinander driften lässt.

Man kann darin den in der abendländischen, gleichermaßen aber auch in der asiatischen Philosophiegeschichte sich durchziehenden Kampf zwischen Monismus und Dualismus wiedererkennen. Das eine ist ebenso falsch wie das andere – selbst als philosophischer Gedanke! Wenn man prinzipiell zwei (oder viele) Wirklichkeiten denken will, dann gehören sie von allem Anfang gerade an der Stelle der Trennung unauflösbar zusammen und definieren (begrenzen!) sich gegenseitig. „Pratityasamutpada", Entstehen in gegenseitiger Abhängigkeit, sagen die buddhistischen Philosophen dazu. Wenn man andererseits nur „das Eine" anerkennen will, könnte es gar keine Differenz geben, nicht einmal als Illusion und man könnte Einheit gar nicht als Einheit erkennen, da es keine differenzierende Perspektive gäbe. Differenz und Einheit gehören zusammen und sind eine Dialektik: der eine Ton und die vielen Tongefäße, das eine Meer und die vielen Wellen. Keine Wellen ohne Meer, aber auch kein Meer ohne Wellen! Das ist buddhistische Philosophie auf des Messers Schneide.

Ohne die religiösen Ausdrucksgestalten vorschnell als austauschbar hinzustellen, sei daran erinnert, dass auch die christliche Tradition um dieses unauflösbare Ineinander selbst in der tiefsten Wirklichkeit weiß: Im Trinitätsgedanken spricht sie vom drei-einen Gott.

Das Ego, Ich, Du und „Mu" – Personalität und Transpersonalität

Das erste Koan, das man in der Zen-Schulung bekommt ist „Mu" – „Nichts". Die Herausforderung ist, „Nichts" zu denken. In der Sammlung auf dieses Mu beißt sich der Zen-Übende gleichsam die Zähne seines gewöhnlich unterscheidenden Bewusstseins aus. Gelöst ist das Koan, wenn der Übende ganz eins geworden ist mit diesem Mu und damit eins mit dem ganzen Sein. Das Sein wird als solches erfahren ohne Ich, das dieser Erfahrung gegenüberstünde. Man kann Paulus daneben stellen. Er schreibt im Galaterbrief (2,20):

„Nicht mehr ich lebe, sondern Christus lebt in mir." Der japanische Zen-Gelehrte Keiji Nishitani stellt dazu genau die Frage, die auf das Verhältnis zwischen dem alles umfassenden Christus und dem konkreten Ich zielt: „Wer spricht da?"[8] Wir stehen hier vor einem eigentümlichen Paradox, das offensichtlich nicht nur im Zen-Buddhismus zum Vorschein kommt, sondern auch in der christlichen Tradition, wie das Beispiel bei Paulus zeigt. Da wird also in der mystischen Tiefe etwas erfahren, das über alle bisher bekannten Maßstäbe hinausgeht, eine Intensität, die kein schlichtes Gegenüber mehr kennt, sondern als innige Einheit ausgedrückt wird. Vor diesem Hintergrund hat sich im Umkreis der Zen-Spiritualität die Rede ausgeprägt, dass die letzte Wirklichkeit die Einheit ist, die die gewöhnliche Erfahrung des Personseins sprengt.

Daher kommt auch die Rede von der transpersonalen Wirklichkeit, in die hinein sich der Übende öffnet und in der er seine wahre Identität findet: die wahre Identität also jenseits von Ich und Du? Gegen diese forcierte Einheitsphilosophie richtet sich der Unmut vieler christlicher Theologen. Die christliche Identität wird oft mit dem etwas schablonenhaft vorgebrachten Einwand verteidigt: „Zu unserem Gott muss man ‚Du' sagen können". Ist das nun die Reaktion ängstlicher Religionsverwalter, die den Bestand naiver, christlich anthropomorpher Gottesvorstellungen zu bewahren versuchen? Zu einem Teil vielleicht, zu einem anderen Teil aber kommt hier ein legitimes Anliegen zum Ausdruck. In dieser Spannung zwischen Einheitsrede und Wahrung von personaler Unterschiedenheit zeigt sich die Zen-Christentum-Kontroverse meiner Einschätzung nach unter einer weiteren (vielleicht der umstrittensten) Perspektive. Auch hier ist meine These wieder, dass die Konfliktpartner unnötig auseinander driften und bei genauerem Zusehen die Konfliktfront, wenn nicht aufgelöst, so doch zu einer kreativen Spannung heruntergeschraubt werden kann.

Im Christentum gibt es auch tiefgehende Reflexionen darüber, dass Gott nicht nur ein schieres Gegenüber sein kann. Wenn er als Unendlicher der Endlichkeit des Menschen gegenüberstehen sollte, könnte er nicht der Unendliche sein, er hätte seine Grenzen am Endlichen. Der Philosoph Friedrich Wilhelm Hegel spricht im Blick auf diese Denkfigur von „schlechter Unendlichkeit". Nikolaus von Kues, ein feinsinniger Denker der Mystik, findet auf der Suche nach dem besten Gottesbegriff das „Non aliud", das „Nicht-Andere". Dieses Wort ist tiefsinnig, weil es im Rahmen des diskursiven Sprachgebrauchs die Balance hält: Gott nicht als das schlechthin Andere, aber auch nicht das mit Welt und Mensch schlechthin Identische: das Wasser, in dem alle Wellen eins sind, ohne dass sie aufhören, auch Welle zu sein!

Der eingangs schon erwähnte Theologe Karl Rahner bringt diesen zugegebenermaßen diffizilen Zusammenhang mit sehr viel philosophischer Sorgfalt zum Ausdruck: „... ein religiöser Dualismus, der vulgär und primitiv einfach den Unterschied zwischen Gott und der Wirklichkeit seiner von ihm geschaffenen Welt kategorial (d.h. in schierer Gegenüberstellung, Anmerk. des Autors) begreift, (ist) im Grunde sehr unreligiös, weil er nicht einsieht, was Gott eigentlich ist; weil er Gott als ein Moment in einem größeren Ganzen – als Teil der Gesamtwirklichkeit – begreift. (...) Diese abstrakt klingenden Dinge sind heute für ein religiös vollziehbares Gottesverständnis fundamental. Denn *den* Gott gibt es wirklich nicht, der als ein einzelnes Seiendes neben anderem Seienden sich auswirkt und waltet und so gewissermaßen selbst noch einmal in dem größeren Haus der Gesamtwirklichkeit anwesend wäre. Suchte man einen solchen Gott, dann hätte man einen falschen Gott gesucht."[9] Der Benediktinermönch David Steindl-Rast formuliert in einem Artikel, in dem es um die Fragwürdigkeit gängiger Gottesvorstellungen geht, sehr plakativ, dass der „gewöhnliche Theismus nur eine Stufe höher steht als der Weihnachtsmann."[10]

Heißt das nun, dass man zu „Gott" nicht mehr wirklich

„Du" sagen kann – und wenn, dann nur in einem sehr vorläufigen Sinn, weil „man halt noch nicht so weit ist" und sich noch nicht von einem derart naiven Gottesglauben getrennt hat? Keineswegs! Wenn man im Zen sagt: „Selbst Buddha übt noch", dann meint man genau dies, dass der Weg in die Tiefe des göttlichen Geheimnisses nie zu Ende ist, dass es keine endgültige Einheitserfahrung gibt, mit der man fertig wäre. Mit der letzten Wirklichkeit ist man nie fertig. Die je ausstehende größere Einheit, in die hinein der Mensch sich verwandeln (lassen) kann, ist immer noch größer. Hier zeigt sich, wie berechtigt das „Du" ist und bleibt. Es ist bei aller Einheitserfahrung das immer noch größere „Woraufhin" spirituellen Lebens.

Im Übrigen sind Bezeichnungen für „Gott", die nicht so stark personal gefärbt sind, wie „letzte Wirklichkeit", „Grund und Ursprung des Seins" oder „Quelle des Lebens" nicht unbedingt überlegen gegenüber personalen Ausdrucksformen wie „Vater", „guter Hirte" oder „liebender Herr". Beide Ausdruckstypen wecken menschliche Assoziationen, die auf die unaussprechliche göttliche Wirklichkeit zielen. Zugegebenermaßen sind die weniger personal gefärbten Ausdrücke hilfreich, um sich kein allzu menschliches Bild von Gott zu machen, andererseits wecken die stärker personalen Bilder leichter das Herz zur Hingabe.

Wie im Blick auf das göttliche „Du" stellt sich auch im Verständnis des Menschen die Frage nach der bleibenden Bedeutung von Personalität. Wo bleibt das menschliche *Ich* in der Mystik? Ist es wirklich so, dass mit zunehmender spiritueller Erfahrung auf dem Zen-Weg das Ich und die Personalität des Menschen überwunden werden zugunsten einer transpersonalen Wirklichkeit, der eigentlichen Identität des Menschen? Immer wieder sagen Menschen mit entsprechenden Erfahrungen, dass da plötzlich nur mehr das Sein in seiner ganzen befreienden Fülle sei und dass da kein Ich mehr zu finden sei – mit seiner einengenden unerlösten Perspektive. An dieser Tiefenerfahrung ist nicht zu zweifeln. Es fragt sich aber, was das bedeutet. Heißt es, dass es das Ich eigentlich gar nicht gibt und dass das Ich und die Personalität des Menschen überwunden werden müssen, um in die letzte Wirklichkeit einzutreten? Diese äußerst sensible Frage krankt zunächst einmal daran, dass nicht klar ist, was man dabei unter Ich und Personalität versteht. Im Kontext der Rede von Transpersonalität als Ziel spirituellen Strebens versteht man unter Personalität das vordergründige, vergängliche und an der Welt verhaftete Ich des Menschen. Dieses Verständnis von Personsein gründet in einer individualistischen Ausrichtung des Person-Gedankens der neuzeitlichen Aufklärung, in der die Autonomie des Einzelnen zusehends an Bedeutung erlangte. Einen besonderen Einschlag in diese Richtung hat das Personverständnis durch die religionsnahe Psychologie Carl Gustav Jungs bekommen. Er versteht unter „Persona" die vordergründige Maske des Menschen, hinter der das wahre Wesen des Menschen steckt und durch die sich dieses Wesen allenfalls Ausdruck verschafft. Damit ist das Schicksal des Personbegriffs im Umfeld spiritueller Psychologie besiegelt, nämlich als ein nur vordergründiger Anteil am wahren Sein des Menschen. Das entspricht aber nicht dem ursprünglichen philosophischen Verständnis von Personsein, das im Übrigen seine Wurzeln in der Theologie der frühen Kirche hat. Dieses hat sich im Zusammenhang mit der Verständnisklärung des dreieinen Gottes (Trinitätslehre) und des Wesens von Jesus Christus (Christologie) entwickelt. Person ist demnach nicht das durch Gier, Hass und Verblendung bzw. die Erbsünde bestimmte Ego, welches das wahre Wesen des Menschen verdeckt, sondern die Einheit von endlicher Erscheinungsform und unendlichem Transzendenzwesen. Dieses Personsein tritt für das Christentum in Jesus Christus in unüberbietbarer Weise zutage. Die alte Formulierung auf dem Konzil von Chalkedon (451 n. Chr.) gibt die Zielgestalt dieses Personseins immer noch unübertroffen – wie mir scheint – wieder: „Ganz Mensch und ganz Gott, unvermischt und ungetrennt". Diese Formulierung bleibt auf des Messers Schneide und kippt weder zum Monismus noch zum Dualismus – das entspricht im Übrigen guter Zen-Philosophie.

Die Wortneuschöpfung „Transpersonalität" hat sich wohl deshalb etabliert, weil das Personverständnis in der gängigen Verwendung unserer Tage eine enorme Verkürzung erfahren hat. Vor diesem Hintergrund macht die Wortneuschöpfung „Transpersonalität" auch Sinn, sie markiert die verloren gegangene Dimension des oben beschriebenen Person-Gedankens.

Nun wird aber auch verständlich, warum sich die Positionen zwischen Personalität und Transpersonalität oft so unversöhnlich gegenüberstehen. Die Unversöhnlichkeit gründet vielfach in diesem fundamental verschiedenen Personverständnis. Was die Vertreter der transpersonalen Spiritualität überwinden wollen, das ist bei den Vertretern der Personalität das „alte Ich", der „alte Adam", der nach Paulus sterben muss. Aber heißt das nun, dass es gar kein Ich mehr gibt, wenn man den Pfaden des Zen-Wegs folgt? Damit kehren wir nach der Klärung des Personverständnis zur Ausgangsfrage zurück. „Nicht mehr ich lebe, sondern Christus lebt in mir", sagt Paulus. Und der japanische Zen-Philosoph Keiji Nishitani fragt: „Wer spricht?" Der Paulus, der nicht mehr lebt, oder der allumfassende Christus? Die Antwort passt wohl nicht in dieses Fragekorsett, sie muss irgendwie paradox ausfallen. Wenn es bei Paulus nur mehr den Christus gäbe und gar keinen Paulus mehr, dann wäre die ganze Wahrheit nicht erfasst. Es bleibt ja seine ganz spezielle, geschichtlich bedingte und durchaus streitbare Persönlichkeit bestehen, wie sie in den Briefen des Neuen Testaments ablesbar ist.

Es erscheint mir missverständlich zu sagen, dass das Ich oder gar das Personsein eine zu vernachlässigende Ebene des Menschseins sei, wenn man den Weg der Mystik betritt. Um das zu verdeutlichen, möchte ich auf die menschlichen Verirrungen mancher spiritueller Meister hinweisen, die zeigen, dass selbst ein Mensch mit tiefer Erleuchtungserfahrung nicht vor fragwürdigen Haltungen gefeit ist und daher die personale Auseinandersetzung mit seinen Mitmenschen immer noch nötig hat. Der Zen-Meister Yasutani Roshi, von 1954 bis 1970 Oberhaupt der Sanbô Kyôdan-Schule, hat sich zu Lebzeiten in politischer Hinsicht wiederholt ernsthaft problematisch geäußert. Kubota Ji'un Roshi, das gegenwärtige Oberhaupt dieser Zen-Linie, hat über Yasutanis „verfehlte Worte und Handlungen" sein „aufrichtiges Bedauern" zum Ausdruck gebracht.[11] Nicht dass die Persönlichkeit Yasutanis auf diese Verfehlungen reduziert werden könnte, aber dieses Beispiel zeigt, dass aus tiefer Erfahrung nicht automatisch schon die richtigen und bestmöglichen Antworten in allen Lebensbereichen resultieren. Jeder trägt zeitlebens einen Schatten mit sich herum. Das Tröstliche dabei ist, dass alle Menschen, spirituelle Größen eingeschlossen, korrekturbedürftig und „menschlich" bleiben.

Kaum jemand bringt diese Einsicht besser zum Ausdruck als der Vipassana-Meditationslehrer und Psychotherapeut Jack Kornfield. In einer sehr persönlichen Selbstbeschreibung lässt er den Leser in einem seiner Bücher[12] mitvollziehen, wie schwer er sich tat, als er mit tiefen spirituellen Erfahrungen aus jahrelanger buddhistischer Meditationspraxis in Thailand nach Amerika zurückkehrte und sich auf das Abenteuer „Beziehung" einließ. Vor allem als er sich auf das Feld intimer Liebesbeziehung begab, wurde er mit noch unbekannten und wohl auch unbearbeiteten Gefühlen konfrontiert. Er hat lange gebraucht, bis er fähig war zu einer lebendigen nahen Beziehung. Er hat dabei lernen müssen, dass nicht alles durch Meditation zur Reife gebracht werden kann. Vor diesem Hintergrund vertritt er das Modell der Persönlichkeitsfelder, das heißt, dass spirituelle Vertiefung *eine* Dimension der Persönlichkeit ist, die (mehr oder weniger) kultiviert sein kann, dass damit aber noch keine vertiefte Reife auf anderen Feldern der Persönlichkeit (wie z.B. zwischenmenschlichen Beziehungen, Berufstätigkeit) einhergehen muss. In seinem

Buch „Das Tor des Erwachens. Wie Erleuchtung das tägliche Leben verändert“[13] beschreibt er in einer ganzen Fülle von Beispielen, wie erfahrene spirituelle Lehrer immer wieder mit massiven Alltagsproblemen konfrontiert sind, die sie erst zu meistern lernen müssen.

Angesichts dieser Einwände möchte ich fragen, ob man vor dem Hintergrund der mystischen Einheitserfahrung die bleibende Bedeutung des Ichs und der personalen Auseinandersetzung zwischen Menschen nicht allzu leicht verkennt. Dabei möchte ich keineswegs in Abrede stellen, dass sich in der Spiritualität so überwältigende Räume auftun können, dass eine starke Relativierung des Ichs oder der raumzeitlichen Dimension am Personsein nachvollziehbar ist.

Vater-Gott und Absolutes Nichts – religiöse Sprachebenen

Am Ende meines kleinen Durchgangs durch die Kontroversen zwischen Zen-Spiritualität und Christentum möchte ich noch einmal auf den Sprachgebrauch zurückkommen. Mir scheint, dass oft verschiedene Sprachebenen durcheinander geraten und dabei zu einem nicht unbeträchtlichen Teil zum gegenseitigen Nicht-Verstehen beitragen.

Popularkirchliche Redeweisen oder christliche Volksfrömmigkeit können nicht direkt mit den subtilen Gedanken buddhistischer Zen-Philosophie in Auseinandersetzung gebracht werden. Das gilt auch umgekehrt: Popularbuddhistische Anschauungen, wie sie im Westen vielfach anzutreffen sind (oft losgelöst von der gedanklichen Tiefe, in die selbst der philosophisch so zurückhaltende Zen-Weg eingebettet ist), dürfen nicht an den tiefsten Gedanken, die das Christentum hervorgebracht hat, gemessen werden. Das muss nicht notwendigerweise heißen, dass ein popularreligiöses Verständnis weniger wert ist, es ist nur manchmal weniger reflexiv durchdrungen und daher angreifbar, aber es kann von der „Herzensqualität“

einem „stolzen Tiefsinn“ durchaus überlegen sein. Philosophische Überlegungen können helfen, problematische religiöse Vorstellungen zu korrigieren, das ist genau der Dienst theologischen Denkens. Aber das ist noch keine Gewähr für eine wirkliche spirituelle Öffnung. Die kann ebenso auch in einfachen, naiv erscheinenden Sprachmustern zum Ausdruck kommen. Vielleicht ist es so, dass einfache religiöse Bilder aus der Kindheit im Feuer der Aufklärung und der spirituellen Vertiefung gereinigt – und manche auch zurückgelassen – werden müssen. Dann können sie gegebenenfalls wieder sinnvoll erscheinen, weil man sie neu versteht oder etwa erkennt, dass die philosophischen Gedanken am Ende aus dem gleichen Holz sind wie die einfachen religiösen Bilder: menschliche Annäherungsversuche an das unendliche göttliche Geheimnis.

Zurück zu den Sprachebenen: Den „Vater-Gott“ auf dem gedanklichen Plateau des „Absoluten Nichts“, in dem der unendliche Seinsgrund zugleich mit der endlichen Wirklichkeit aufgehoben ist, als überwunden zu erklären und darin das ganze Christentum erledigt zu sehen, verfehlt die angemessene Diskursebene. Auf dieser Ebene wäre vor allem die christliche Rede von der göttlichen Trinität, in der Einheit und Unterschiedenheit aufeinander bezogen sind, ins Gespräch zu bringen. Andererseits sind viele buddhistische Kernbegriffe und -gedanken wie „Leere“, „Nichts“ oder die „Nicht-Ich-Lehre“ im Westen immer noch eklatanten Missverständnissen oder unangemessenen Simplifizierungen ausgesetzt, die auf christlicher Seite vorschnell die Schreckgespenste des Pantheismus, Monismus oder Nihilismus heraufbeschwören, gegen die man sich dann vehement zur Wehr setzt. Es sind Sorgfalt und Geduld im Gespräch geboten, einem Gespräch, das in seiner offenen und auszuhaltenden Ausrichtung auf die je größere Wahrheit selbst nichts Geringeres als eine spirituelle Reise ist.

Michael Seitlinger

[1] Eugen Biser: Die glaubensgeschichtliche Wende. Eine theologische Positionsbestimmung, Graz/Wien/Köln 1986.

[2] Karl Rahner: Schriften zur Theologie Bd. VII, Einsiedeln 1966, S. 22.

[3] Michael von Brück/Whalen Lai: Buddhismus und Christentum: Geschichte, Konfrontation, Dialog, München 2000 (2. Aufl.), S. 239.

[4] James Weisheipl, Thomas von Aquin, Graz, Wien, Köln 1980, S. 294.

[5] Ludger Schwienhorst-Schönberger: Theologie und Mystik – eine Integrationsaufgabe, in: Kontemplation und Mystik (Zeitschrift), Jg. 2 (2001), S. 20–25.

[6] Seelenburg, VII Wohnung, Kap. 2, Abs. 5, in: Theresia von Jesus, Sämtliche Schriften, hg. u. übersetzt von Aloisius Alkofer und Petrus Alcántrara, 6 Bde., Regensburg/München 1919–1941, Bd. 5, S. 209.

[7] Gotthard Fuchs, in: Christ in der Gegenwart (Zeitschrift), Jg. 52 (2000), Nr. 30, S. 245.

[8] Vgl. Hans Fischer-Barnicol: Fragen aus Fernost. Eine Begegnung mit dem japanischen Philosophen Nishitani, Hochland 58 (1966), S. 205–218. Siehe auch Hans Waldenfels: Absolutes Nichts. Zur Grundlegung des Dialogs zwischen Buddhismus und Christentum, Freiburg 1976, S. 199.

[9] Karl Rahner: Grundkurs des Glaubens. Einführung in den Begriff des Christentums, Freiburg 1989, S. 72.

[10] David Steindl-Rast, in: Christ in der Gegenwart (Zeitschrift), Jg. 55 (2003), Nr. 39, S. 326.

[11] Jiun Kubota: Kyo Sho Nr. 281, 2000 (übersetzt von Ludwigis Fabian).

[12] Jack Kornfield: Frag den Buddha und geh den Weg des Herzens, München 1995.

[13] Jack Kornfield: Das Tor des Erwachens. Wie Erleuchtung das tägliche Leben verändert, München 2001.

Kontaktadressen

Stefan Bauberger
Kaulbachstraße 31a, 80539 München
E-mail: stefan@bauberger.net
Homepage: www.zen.bauberger.net

Niklaus Brantschen
Lassalle-Institut, Bad Schönbrunn, CH-6313 Edlibach/ZG
E-mail: info@lassalle-institut.org
Homepage: www.lassalle-institut.org

Michael von Brück
Institut für Religionswissenschaft,
Evangelisch-Theologische Fakultät, LMU München,
Schellingstraße 3, 80799 München
E-mail: relwiss@evtheol.uni-muenchen.de

Pia Gyger
Lassalle-Institut, Bad Schönbrunn, CH-6313 Edlibach/ZG
E-mail: info@lassalle-institut.org
Homepage: www.lassalle-institut.org

Willigis Jäger
Benediktushof, Klosterstraße 10, 97292 Holzkirchen
E-mail: buero@willigis-jaeger.de
Homepage: www.willigis-jaeger.de

Johannes Kopp
Steigerweg 1, 45473 Mühlheim an der Ruhr
E-mail: johannes.kopp@t-online.de
Homepage: www.leben-aus-der-mitte.de

Peter Lengsfeld
Roteckweg 13, 97199 Kirchzarten
E-mail: plengsfeld@t-online.de

Gundula Meyer
Am Dorfanger 2, 38536 Meinersen/Ohof
E-mail: gundulam@t-online.de
Homepage: www.ohof-zendo.de

Karl Obermayer
Rampertstorffergasse 65, A–1050 Wien
E-mail: karl.obermayer@gmx.at
Homepage: www.start.at/zendo

Bogdan Snela
Domicilium und Hospizgemeinschaft
Holzkirchner Straße 3, 83629 Weyarn
E-mail: snela@domicilium-weyarn.de
Hompage: www.domicilium-weyarn.de

Jeroen Witkam
Abdij Maria Toevlucht, Rucphenseweg 38
NL–4882 KC Zundert/Niederlande

Detlef Witt
Christliches Zen-Zentrum
Zum Greut 3, 88410 Bad Wurzach-Eintürnen
E-mail: tobias.reiss@zenhof.de
Homepage: www.zenhof.de

Doris Zölls
Benediktushof, Klosterstraße 10, 97292 Holzkirchen
E-mail: info@benediktushof-holzkirchen.de
Homepage: www.benediktushof-holzkirchen.de

Zen

Niklaus Brantschen
Weg der Stille
Band 5480

Im Schweigen zu sich selber finden und aus der konzentrierten Kraft dieser Stille kraftvoll nach außen wirken. Der bekannte Zen-Meister gibt Orientierungen aus langjähriger Praxis.

Margrit Irgang
Zen-Buch der Lebenskunst
Band 5174

Das ist Zen für Lebenskünstler: souveräne Gelassenheit, heitere Leichtigkeit und die Fähigkeit, in der Wahrheit des Augenblicks zu leben.

Kenneth S. Leong
Jesus – der Zenlehrer
Band 5503

„Leong macht auf spannende Weise klar: Die spirituelle Seite des Zen, die Kunst des Lebens in der Haltung der Gelassenheit und des Vertrauens, trifft sich mit dem Kern der Evangelien" (Prof. Dr. Ludwig Wenzler).

Adelheid Meutes-Wilsing / Judith Bossert
Zen für jeden Tag
Band 5124

Zen heißt: Aufmerksam sein für das, was ich gerade tue. Praktische Anleitungen für jeden Tag, die zu mehr Lebensfreude und innerer Ruhe führen.

Thich Nhat Hanh
Schlüssel zum Zen
Band 5335

Der Klassiker der Zenliteratur: So erschließt Achtsamkeit im Alltag für jeden Quellen der Lebensfreude.

Gary Thorp
Zen oder die Kunst, den Mond abzustauben
Band 5411

An Hausarbeit z. B. Spaß haben – gibt's das? Putz die Sonne, staub den Mond ab! Ein inspirierender Zen-Begleiter für den Alltag, um gelassen durchs Leben zu gehen und Hektik und schlechte Laune hinter sich zu lassen.

Alan Watts
Zen Zen
Band 5271

Das Gegenrezept zum stressigen Dasein: Zen als Lebensstil und Lebenskunst – einfach und gelassen, mit Esprit und Humor.

Willigis Jäger
Die Welle ist das Meer
Hrsg. von Christoph Quarch
Band 5046

Mystik, was ist das – ganz praktisch? Eine Sicht, die enge Grenzen sprengt und den tiefen Reichtum auch anderer religiöser Kulturen erschließt.

Willigis Jäger
Aufbruch in ein neues Land
Hrsg. von Christoph Quarch
Band 5381

„Aufbruch" ist nicht allein Bild für den inneren Weg, sondern für den Mut, immer wieder Sicherheiten aufzugeben und das Wagnis einer neuen Existenz einzugehen.

Willigis Jäger
Wiederkehr der Mystik
Band 5399

Wie kann der Mensch angesichts heutiger Naturwissenschaft noch religiös sein? Der Benediktinermönch und Zenmeister antwortet auf drängende Fragen heutiger Sinnsuchender.